Logique
Morale
LA
PHILOSOPHIE
FRANÇOISE
de Pierre
du Moulin.
Derniere.
edition.
A PARIS
Chez Henry
le Gras, au
3. pillier de la
grand Salle
du Pallais

A MONSEIGNEVR
FREDERIC
MAVRICE
DE LA TOVR
Prince de Sedan.

ONSEIGNEVR,

Ce que la main
est entre les outils
de la mesme est la Logique entre
les arts & sciences. Car comme
la main est vn outil general qui
manie tous autres outils, ainsi la
Logique est vn instrument general dont la cognoissance sert
à manier toute autre cognoissance, & à s'en seruir auec dexterité. Et comme c'est le propre

A ij

de l'art de polir, & parfaire la
nature, ainsi c'est le deuoir de
cét art de polir & reigler la raison naturelle. Car il y a vne
Logique naturelle, de laquelle
l'homme se sert naturellemens
sans y apporter aucun artifice.
Mesme les païsans font des Syllogismes sans y penser. Mais la
Philosophie ayant foüillé tous
les ressorts de la raison naturelle, a remarqué les causes de
la bonté d'vn discours, & y a
posé les reigles.

En quoy paroist l'excellence de
cét art par dessus les autres. Car
veu que l'homme est discerné
d'auec la beste par l'vsage de
raison, les autres arts & sciences façonnent l'homme entant
qu'il est citoyen ou Magistrat,

EPISTRE.

ou Aduocat, ou Medecin: mais
la Logique instruit l'homme en
tant qu'il est homme, & le
rend en quelque façon animal
plus raisonnable par le droict
usage de la raison.

Mais il est aduenu à cet art
de tomber en des mauuaises
mains, qui l'ont despoüillée de
ses ornemens naturels, & par
vne metamorphose sans exemple, l'ont changée en vn fagot
d'espines seiches qui pique de
tous costez. Et au lieu de tirer ses reigles de la raison
naturelle, & les accommoder à
l'vsage de la vie, ils l'ont em-
barassee de questions de Metaphysique, qui ressemblent aux
escreuisses, où il y a beaucoup à
esplucher & peu à manger, &

A iij

qui ne seruent à aucune fon-
ction ciuile & religieuse.

Ce mal inueteré, & tourné en
nature par la coustume, reque-
roit vn medecin plus expert,
& vn esprit plus tranquille
que le mien , & vne saison
plus douce que celle cy. Neantmoins estant ietté en ce lieu par
la tempeste, comme vne plan-
che du debris general, & reduit
en vn triste loisir, i'ay donné
quelques heures à ce trauail, &
ay tasché de donner à cet art
vn air & vn visage plus
doux: & luy ay arraché les espines qu'on luy auoit attachées en
l'escole: & l'ay reuestue d'vn
habit François, afin qu'elle ne
marchast plus en France comme
estrangere. Car depuis plusieurs

EPISTRE.

siecles elle est en possession d'e-
stre enseignée en vn Latin bar-
bare & espineux : comme si la
douceur & l'elégance estoient
incompatibles auec la soliduté.

Si le public reçoit quelque
profit de ce mien trauail, il en
aura l'obligation toute entiere à
Monseigneur le Duc vostre Pere, lequel m'ayant receu en sa
maison, & fait vn accueil fa-
uorable auec toute sorte d'honneur & de bienfaits m'a exhorté
à mettre la main à cet ouurage,
& à vous enseigner les pre-
ceptes. A quoy i'ay prins vn
singulier plaisir. Car outre que
ce m'a esté beaucoup d'honneur
de vous rendre seruice, ceste
occasion m'a donné le moyen de
sonder vostre esprit : lequel

A iiij

EPISTRE.

i'ay recogneu doüé d'vne ima-
gination ferme, & d'vn inge-
ment solide, & qui n'est point
arresté par la difficulté, & qui
par vne loüable curiosité veut
estre payé de raison, & où elle
n'est pas assez euidente, meue
de soy mesme des doutes. Dont
il est aysé à presumer quelle sera la dexterité de vostre esprit,
& quand le temps & la necessité l'aura ietté dans les occupa-
tiõs plus hautes & importantes.

A cét esprit si souple & si
adroit la crainte de Dieu estant
iointe, laquelle a planté en vostre cœur la haine des vices, &
piqué vostre courage d'vne
saincte ambition à consacrer
vostre vie au seruice de Dieu,
il n'y a rien que nous ne deuions

esperer d'vn esprit que Dieu a
si grandement fauorisé. Veu
mesme que vous estes esleué en
vne famille dont tout mauuais
exemples, toutes paroles mal-
honnestes sont bannies, & où le
seruice de Dieu est soigneusement entretenu. Et auez deuant
vos yeux l'exemple de Monseigneur vostre Pere, lequel entre les Princes est vn exemple
singulier de prudence & de
grande experience, & de force
d'esprit, & de sage conduite.
Duquel le courage se dresse entre les maux, & l'esprit ne s'af-
foiblit par l'affliction. Auquel
la nature a plus donné que l'e-
stude n'a acquis à aucun autre,
laquelle auec vne facilité naturelle luy fournit ce à quoy les

EPISTRE.

autres ne peuuent atteindre par
longue meditation. Duquel les
propos vous sont des leçons or-
dinaires & les sages actions
vn patron continuel.

C'est de luy que vous auez ap-
pris que le sçauoir est vn bel
ornement à vn Prince : pource
que celuy qui conduit les autres, doit estre plus clair-vo-
yant, & que celuy doit plus
sçauoir, lequel a plus à faire.
N'y ayant rien plus honteux,
qu'vn Prince, qui est inferieur
à la pluspart de ses subiets en
bon sens & en cognoissance, &
qui doit tout ce qu'il a de di-
gnité à sa naissance, & rien à
sa vertu; & qui pour iuger sai-
nement des choses, a besoin d'al-
ler chercher dans la ceruelle

EPISTRE.

d'autruy, ce qu'il deuroit trouuer dans la sienne. Ce qui ar-
riue aux Princes, dont toute la
ieunesse s'est passée à apprendre
à manier des cheuaux & non
à gouuerner les esprits des hommes, qui sont des animaux
mille fois plus reuesches & indomptables. Ausquels on reigle la contenance pendant que
leur esprit est desreglé, qui
passe les mois & les années à
chasser aux bestes sauuages, mais
eux-mesmes sont pris par les
bestes domestiques, c'est à dire,
par les flateurs qui les enlacent
dans les vices. Qui sont apris
à viure comme si leurs subiets
estoient faits pour eux, au lieu
qu'ils sont faits pour le bien de
leurs suiets : & à se souuenir

EPISTRE.

qu'ils sont Princes, mais non à
se souuenir qu'ils sont hommes
subiets à mesme infirmitez, &
qu'ayans receu de Dieu plus de
graces, ils ont vn plus grand
côpte à luy rendre. Et qu'estans
l'image de Dieu en terre, ils doiuent tascher à luy ressembler nõ
seulement en Iustice, clemence
& liberalité & pouruoyance:
mais principalement en ce que
Dieu regne sur ses suiets, non
pour son profit, mais pour le
leur. Or quand ie parle de sçauoir, ie n'entends pas vn sçauoir importun, qui s'amuse à
des paroles, ou à enfler son discours, ou amasser force latin.
Mais i'estime que le vray sçauoir du Prince consiste à cognoistre Dieu & le monde & soy.

EPISTRE.

mesme, & les affaires de son
Estat, & celle des Estats voi-
sins, & à estre disciple des
morts, c'est à dire, à espuiser
dans les Histoires, les exemples
de prudence, & apprendre le
mestier de Prince, lequel est le
plus dificile de tous : pource
qu'il est plus mal-aisé de che-
miner en vn lieu fort esleué, &
que la teste tourne ayfément à
celuy qui est fort haut monté.
Pource aussi que les actions des
Princes sont les plus controol-
lées, & leur vie plus trauersée,
& leurs faures exposees en veuë
& qui authorisent les vices
par leur exemple.

Ces enseignemës, Monseigneur,
vous sont familiers, & ne
manquez point d'aydes dome-

EPISTRE.

stiques : Neantmoins i'ay esti-
mé que vous auriez agreable
que ie taschasse à y contribuer
quelque chose, & que par ce mien
trauail, comme par vn eschan-
tillon, ie tesmoignasse le ressen-
timent que i'ay de l'honneur
que i'ay receu de Monseigneur
vostre pere, & combien ardem-
ment ie prie Dieu pour la pro-
sperité de vostre tres-illustre
maison, & particulierement
pour vous,

MONSEIGNEVR,

auquel ie suis,

Tres-humble, & tres-
obeissant seruiteur,
P.D.M.

ELEMENTS DE LOGIQVE.

PREMIER LIVRE
qui traitté des conce-
ptions simples.

CHAPITRE PREMIER.

*Que c'est que Logique. Combien
il y a de sortes de conceptions en
l'esprit humain.*

LA Logique est vn Art
qui donne des Reigles
pour bien argumenter
& pour discerner le vray d'auec
le faux.

Pour sçauoir commēt se dresse vn argument, & comment
on peut bastir vne bōne raison,
il faut sçauoir que toutes les

conceptions de l'homme font
ou *simples* ou *compofees*

Les conceptions fimples font
celles qui s'expriment par vn
mot , comme *cheual* , *homme* ,
blancheur , *voir* , *courir* , *&c.*

Les conceptions compofées ,
font celles qui s'expriment par
vne Enóciation ou propofition
qui afferme ou nie quelque-
chofe cóme , *l'homme eft raifonnable* , *Dieu n'eft point menteur.*

De plufieurs Propofitions
ioiutes enfemble fe fait vn argument ou Sillogifme, par les
moyens & reigles que nous de-
duirons en fon lieu.

Chap. II.

*Combien il y a de fortes de conce-
ptions fimples. Des chofes fingulieres & des vniuerfelles. Itë
de la Subftäce & de l'Accidët.*

IL y a autant de conceptions
fimples qu'il y a de chofes au
monde.

Des

Des choses les vnes sont *sin-*
gulieres, les autres, *vniuerselles.*

Les choses singulieres sont
celles qui sont vnes en nombre, comme, *Frederic, Pierre,*
ce cheual, cet arbre.

Que c'est qu'vn vniuersel.

Les choses vniuerselles comprennent & côtiennent les singulieres. Car l'Vniuersel est vn
assemblage de plusieurs singu-
liers sous vne nature commune
à tous, comme *cheual, homme,*
arbre, sous lesquels mots con-
siderez en general, nous com-
prenons tous les cheuaux,
hommes, arbres.

Les choses singulieres se cognoissent par le sens, mais les
vniuerselles se comprennent
par l'entendement. Pourtant
les bestes ne cognoissent que
les choses singulieres. Les singulieres en Philosophie s'appellent *indiuidus :* pource qu'on
ne les peut diuiser en deux par-

B

ties qui gardent le mefme nom.
On ne peut diuifer Alexandre
en deux Alexandre : ny vn cheual en deux cheuaux.

Vn tout compofé de parties
femblables comme l'eau , le
fang , le bois , ne s'appellent
point Indiuidu : pource qu'il
fe peut diuifer en parties qui
gardent le nom du Tout. Car
chaque goutte d'eau eft eau : &
d'vne grande piece de bois, chaque partie eft bois. Mais pour
faire que ces chofes deuiennent
indiuidus , il faut adioufter le
nom de la mefure : Car vne
pinte d'eau ne peut eftre diuifée
en pintes : & vn arpent de terre
ne peut eftre diuifé en deux
arpens.

Les chofes tant fingulieres
qu'vniuerfelles font ou *Subftã-*
ces ou *Accidens.*

Vne *Subftance* eft ce qui fub-
fifte par foy-mefme, comme
homme, eau, terre, arbre, &c.

Vn *Accident* est ce qui ne peut
subsister de soy-mesme, ains il
faut qu'il ait vn sujet ou substance qui le soustienne, & auquel il soit attaché, comme *la*
blancheur, la vitesse, la sagesse,
la chaleur. Car la blancheur ne
peut estre, si elle ne subsiste en
quelque sujet, comme en la
neige ou en la peau : Ainsi la
chaleur est vn accident du feu :
la vitesse est vn accident du cheual, la sagesse vn accident de
l'entendement.

Accidents abstraits. Accidents cõ-
crets, c'est à dire, attachez
au sujet.

Les accidents s'expriment
quelquefois par vn mot substantif, comme *iustice, beauté* :
quelquefois par vn mot adie-
ctif, comme *iuste, beau* : En la
premiere façon les accidents
s'appellent *abstraits* ou *separez* :
En la deuxiesme ils s'appellent
concrets ou *conioincts* : Pource

que celuy qui dit *iustice* ou *beauté*, considere la iustice ou beauté, sans aucun certain sujet : Mais celuy qui dit *iuste & beau*, considere la iustice & la beauté, comme attachées à vn certain subjet, lequel en est reuestu.

L'vsage commun confond souuēt ces choses, & dit le *vray*, *le noir*, *le doux*, pour dire la verité, la noirceur, la douceur.

Or pource qu'il y a grand nombre & diuersité d'accidens, les Philosophes les ont digerez en neuf bandes ou classes, ausquelles la substance estant adjoustée, se font dix classes de choses, que les Philosophes appellent *Cathegories* ou *Predicaments.* Tellemēt qu'il n'y a rien au monde, qui soit fait ou par la nature, ou par l'Art, ou par le conseil, ou par le hazard, qui ne se rapporte, & ne soit enclos en quelqu'vne de ces Cathegories.

CHAP. III.
Denombrement des dix Cathegories.

LEs dix Cathegories sont 1.
LA SVBSTANCE, comme
homme cheual, 2. LA QVAN-
TITE', *côme lôgueur & largeur*,
3. LA QVALITE' : comme
blancheur, vistesse, rondeur. 4. LA
RELATION ou *respect*, com-
me estre *Pere, Fils, Maistre, Ser-*
uiteur, &c. 5. AGIR, comme *cou-*
rir, parler. 6. PATIR, comme *estre*
pousse, estre bruslé. 7. OV comme
icy là, 8. QVAND , comme *hier,*
auiourd'huy. 9. LA SITVATION,
comme *estre assis , debout , à ge-*
noux. 10. L'HABIT comme estre
coëffé, chausse, emmantelé.

CHAP. IIII.
De la Substance.

LA Substance est celle qui
subsiste de soy-mesme , &

qui eſt le ſujeſt de tous les accidents.

Les ſubſtances ſingulieres
ſont appellées *premieres Sub-*
ſtances.

Les ſubſtances vniuerſelles
ſon appellées *Secondes Subſtan-*
ces, pourçe que les ſingulieres
ſont premierement cogneuës,
& les enfans qui ne cognoiſſent que par les ſens & n'ont
encore l'vſage de la raiſon, ne
cognoiſſent que les choſes ſingulieres, laquelle cognoiſſan-
ce nous eſt commune auec les
beſtes. Mais puis apres la raiſon, par l'aſſemblage de pluſieurs ſingulieres, comprend
les choſes vniuerſelles.

Le Soleil, le monde, la Lune,
ſont premieres ſubſtances &
ſingulieres, & neantmoins en
tant qu'elles ont vne nature ou
eſſence qui pourroit conuenir à
pluſieurs, ſi Dieu vouloit, elles
ſont auſſi ſecondes ſubſtances.

Substance est
- Increée, qui est Dieu.
- Creée.
  - Immaterielle.
    - Les Anges,
    - Les ames separées.
  - Materielle qu'on appelle Corps.
    - Simple.
      - Le Ciel.
      - Les 4. Elements,
        - Feu,
        - Air,
        - Eau,
        - Terre.
    - Composé,
      - parfaitement composé.
        - viuant,
          - les Plátes.
            - herbes,
            - arbereaux,
            - arbres.
          - les animaux.
            - l'homme,
            - la beste.
              - Parfaite qui a les 5. sens.
                - volatiles.
                  - Oiseaux
                  - Insectes.
                - terrestres à quatre pieds.
                  - Reptiles.
                  - Aquatiques,
                  - Amphibies.
              - Imparfaite, qui a faute de quelque sens.
                - huiltres.
                - Zoophites.
        - non viuant,
          - Pierres.
          - Mineraux.
      - Imparfaitement composé, qu'on appelle Meteores, comme vents, comeses, neiges, glaces.

Toute substance, est ou in-créée ou créée : La substance increée c'est Dieu : toutes les autres sont créées.

Les substances créées sont reuestuës d'accidents : mais Dieu n'a aucun accident : car il est simple, & non composé, & ses vertus sont sa propre sub-stance, lesquelles nous faisons diuerses, à cause de leurs diuers effects : mais au fonds c'est vne seule & mesme vertu.

Des Substances créées, les vnes sont immaterielles, côme les Anges & Esprits : les autres sont materielles, à sçauoir cel-les qui ont corps, dont voicy vne diuision plus exacte * *
*

Rien ne peut estre contraire à la Substance : Aussi nulle Sub-stance n'est plus Substance que l'autre, ny vn cheual n'est pas plus cheual que l'autre, encore qu'il * soit meilleur cheual.

Dieu voiremēt & le diable sonē
substances, & y a entr'eux de
la contrarieté: & le feu est contraire à l'eau: mais leur contrarieté n'est pas en la substance,
ainsen la volonté des diables,
& és qualitez du feu & de l'eau.

Chap. V.
De la Quantité.

L A quantité est ce parquoy
les Substances se nombrēt,
ou se mesurent, ou se diuisent:
& parquoy elles font esgales
entr'elles ou inesgales.

Il y a deux sortes de Quantité. L'vne est composee de parties disiointes & separees, &
pour cette cause s'appelle *Quā-
tité disioincte.* L'autre est com-
poséedes parties continuës : &
pourtant on l'appelle *Quantité*
continuë.

La Quantité disioincte ou
discrette est ce qu'on appelle
N o m b r e, parce que les par-

ſes n'ont entr'elles aucune continuité. Cette Quantité ne ſe meſure point, mais elle ſe compte.

Le nombre eſt de deux ſortes. Car ou c'eſt vn nombre nombrant, ou vn nombre nombré. Les nombres nombrants ſont les nombres d'Arithmetique, comme *vn, trois, ſix, dix,* &c. Les nombres nombrez ſont les choſes qu'on nombre, comme *ſix hommes; dix cheuaux,* &c.

Quelquefois le nombre nombré ſert de nombre nombrant, comme *des jettons.*

L'vnité n'eſt pas nombre, mais c'eſt le principe du nombre.

Le plus grand nombre de tous ne ſe trouue point, & ne ſe peut imaginer: car on peut adjouſter au nombre à l'infiny.

La *Quantité continuë* eſt celle dont les parties ſont jointes d'vne ſuite continuelle, & qui ſe

peut meſurer. Cette Quantité
eſt ou *ligne* , ou *ſuperficie* , ou
corps Mathematique , *ou temps*.

La ligne eſt vne longueur
ſans largeur : comme *vne lieuë,
vne toiſe*.

La ſuperficie eſt vne lôgueur
auec largeur : comme *la ſurface
de l'eau*, ou *d'vn arpent de terre*.

Sous la ſuperficie nous com-
prenons auſſi le LIEV : lequel
n'eſt autre choſe que la ſuperficie interieure d'vn corps qui
en contient vn autre, comme
la ſuperficie interieure d'vn
tonneau eſt le lieu du vin.

Le corps Mathematique eſt
longueur, largeur & profondeur,
Ce corps eſt different du corps
phiſique ou naturel, lequel eſt
vne ſubſtance materielle : &
non vne quantité. Toutefois
tout corps naturel a ces trois di-
menſions, & ne peut eſtre ſans
quantité.

Le TEMPS eſt la meſure

de la duree des chofes, laquelle mefure fe prend au mouuement du Ciel, lequel faiĉt les
iours & les années.

Le *Temps* n'a que deux parties,
à fçauoir, le pafsé & le futur.
Quant au prefent ce n'eft point
temps, ains c'eft l'inftant ou
moment coulant, qui accouple
le paſſé auec le futur.

La durée de Dieu ne s'appelle point *temps*, mais *Eternité*:
laquelle confifte en deux chofes : Premierement à n'auoir
ny commencement, ny fin. Se-
condement, à ne couler point,
& n'auoir point de fucceffion
de parties : car la vie de Dieu
confifte en repos. Que fi la vie
de Dieu n'auoit vn flux & fucceffion de parties, vne partie de
fa vie luy efchaperoit, & vne
autre arriueroit.

Comme *l'vnité* n'eft Point
nombre ny quantité : auffi le
P o i n t n'eft point quantité

ny partie de la ligne : Comme
aussi le MOMENT n'est point
partie du temps, mais le bout
ou extremité du temps passé.

Le nombre est plus ancien
que la quantité continuë, comme il appert par le nombre des
personnes de la Trinité, lequel
est eternel & sans commencement de temps : Mais la quantité continuë a commencé auec
la creation des corps. Item le
nombre se peut compter par
soy-mesme & sans autre aide :
Mais la quantité continuë ne
se peut mesurer, que par l'aide
de la quantité discontinuë. Car
toute longueur ou largeur se
mesure en nombrant les pieds,
ou les doigts, ou les toises, ou
les lieuës, ou les degrez.

Rien n'est contraire à la Quã-
tité : Car grand & petit ne sont
pas contraires, mais relatifs &
respectifs, & l'vn entre dans
l'autre, ce qui ne peut conue-

nir aux contraires. Le petit
nombre entre dans le grand, &
en fait partie : Mais la chaleur ne faict point partie de la
froidure.

TABLE DE LA
Quantité.

<pre>
                    ┌ Disconti-   ┌ Nombre
                    │ nuë qu'on   │ nóbrant.
                    │ appelle   ─┤
                    │ Nombre.   └ Nombre
                    │   nombré.
          ┌─────────┤
          │   │
 Quan-   ─┤   │   ┌ Ligne,
 tité   │   │   │
          │   │   │ Superfi-
          │   └ Continuë   ─┤ cie,
          │   │
          │   │ Corps,
          │   │
          └   └ Temps.
</pre>

C H A P. VI.

De la Qualité.

LA *Qualité* est ce parquoy les substances sont qualifiées & renduës semblables ou dissemblables entre elles Car comme les choses sont dictes estre *mesmes choses*, quand elles ont vne mesme substance, & *égales*, quand elles conuiennent en quantité : aussi sont elles appellées *semblables*, quand elles conuiennent en qualitez.

I. *Espece de qualité. Qualitez agissantes contre nos sens.*

Il y a quatre sortes de qualitez, 1. Car ou elles sont qualitez actiués és objects de nos sens exterieurs ou interieurs, qui nous apportent quelque alteration ou changement en nos corps ou en nos esprits. Comme est *la douceur au miel, la froideur en la neige, la beauté en vn visage, la dureté ou rudesse en vne* pierre, ou vn corps qui offense l'attouchement, la plaisance en vne comedie. L'effect que ces qualitez impriment en nous s'appelle passion pendant qu'on le reçoit: Car quand le sentiment de la bruslure est passé, les marques ou la noirceur qui reste ne s'appelle plus passion.

II. Espece. Facultez naturelles.

2. Ou ce sont qualitez, ou facultez naturelles, comme sont les vertus des herbes, les facultez de l'ame, la pesanteur du plomb, la chaleur du feu, & la froideur de l'eau.

III. Espece. Habitudes.

3. Ou ce sont habitudes & qualitez acquises par l'estude & par l'exercice, comme sont tous les arts, tant mechaniques que liberaux, & les sciences, lesquelles quand vn homme a compris & y a acquis de l'habitude, il est rendu par là propre à quelque action ou exercice.

Les

Les bestes qui ont l'ouye, comme chiens, cheuaux, sin-ges, &c. sont capables d'ac-querir des habitudes, si ce n'est que la crainte les empesche. Car les animaux excessiuement peureux sont indisciplinables, comme les souris.

Les outils par lesquels l'ha-bitude s'exerce estans perdus, l'habitude ne laisse pas de de-meurer : comme la science de ioüer du luth quand la main est couppée.

La preparation à l'habitude s'appelle *Disposition*, quand vn homme n'a pas encore acquis l'habitude, mais est en chemin: & y a outre l'inclination, quel-que peu de cognoissance.

Les facultez naturelles ser-uent grandement à acquerir & former les habitudes : Car celuy qui de nature est mal propre à quelque art ou estude, ne pour-ra iamais paruenir à la perfe-

C

ction quelque trauail qu'il y
employe.

 IV. Espece de qualité.
 Figure.

4. Ou ce sont figures & formes exterieures, comme estre
*quarré, rond pointu, bossu, courbé,
tortu, droict.*

Les qualitez sont contraires
entr'elles, comme *la chaleur &
la froideur.* Et les puissances naturelles sont opposées à l'im-
puissance, comme la veuë à l'a-
ueuglement, & l'ouye à la sur-
dité. Les seules figures & formes exterieures n'ont point de
contraire: car le rond est different du quarré, mais ne luy est
pas contraire.

Pour bien iuger d'vne qualité, il la faut considerer abstra-
ctement & comme non atta-
chée à vn certain subiect, en
considerant la *iustice* ou la *blancheur* en elle-mesme, & non le
iuste, ny le *blanc:* Pource que la

consideration du subject auquel
est attaché la blancheur & la
iustice , trouble & diuertit la
pensée. Pour bien considerer
vne chose il la faut considerer
à part & separee.

Vne substance ne peut auoir
qu'vne quantité, mais elle peut
auoir grand nombre de qualitez diuerses.

Les qualitez agissent , mais
les quantitez n'agissent point :
seulement elles aydent l'action
de la qualité, comme la grof-
feur de la pierre ayde à la pesanteur.

Vn Esprit a des qualitez, mais
n'a point de quantité.

L'excellence de la qualité
par dessus la quantité, consiste
principalement en ce que la
quantité vient de la matiere
de la substance , mais la qualité vient de la forme. Or la
forme est tousiours plus excellente que la matiere : car par

la forme les choſes ſont propres à agir, mais la matiere eſt
ce qui les rend ſujettes à patir.

La forme & la figure n'agiſſent point, mais elles aident &
facilitent l'action de celuy qui
agit. Comme la rondeur d'vne
pierre faict qu'on la roule plus
ayſémens.

TABLE DE LA
qualité.

qua-
litez
font

1. Quali-
tez agif-
fantes
conrre
les fens.

- Exterieurs
- Interieurs

2. Puiffance ou impuif-
fance naturelle,

3. Habitudes, defquel-
les le commencement
s'appelle *Difpofition*.

4. Formes exterieures
& figures.

C iij

Chap. VII.

De la Relation & des Relatifs.

LEs Relatifs sont deux choses qui ont entr'elles vn rapport mutuel, tellement que l'vne ne peut estre sans l'autre, & l'vne se definit par l'autre, & mesme on ne peut penser à l'vne qu'en pensant à l'autre: Comme *le pere & le fils, le Prince & les subiets, le maistre & le seruiteur, le double & la moitié, l'egal & l'inegal.* Le respect mutuel entre ces deux choses s'appelle RELATION. Il y a plusieurs Relatifs qui ont vn mesme nom, comme *amy & amy, semblable & semblable & egal.*

La Relation entre deux amis s'appelle amitié, la Relation entre deux semblables est la ressemblance.

Il y a des relatifs dont la relation est imparfaicte, à sçauoir

quand l'vn des deux relatifs
depend de l'autre & ne peut
estre sans luy : mais l'autre peut
bien estre seul & ne depend
point de son relatif ; comme
sont *le pasteur & le troupeau, le*
Prince & le peuple, la veuë &
ce qui est visible. Car vn peuple
peut bien estre sans Prince,
mais le Prince ne peut estre sans
peuple.

Il y a aussi des relatifs qui ne
sont point relatifs de leur nature, mais seulement à nostre esgard , & pource que nous les
faisons estre tels par nostre cô-
sideration, comme le droict &
le gauche entre deux murailles ou entre deux arbres. Mais
quand nous nous retournons,
celuy qui estoit gauche deuient
droict: Car en l'arbre il n'y a ny
droit ny gauche de sa nature.

Si vn per ça plusieurs fils, autant qu'il a de fils sont autant
de relations diuerses , pource

que le pere est pris plufieurs fois
comme vn poinct au centre
d'vn cercle: qui fe prend autant
de fois qu'on tire de lignes de ce
poinct à la circonference.

Vne mefme chofe peut auoir
le nom de deux *relatifs*: comme
eftre pere & fils : eftre haut &
bas : mais en diuers refpects.
Car vn mefme homme eft pe-
re de ceftuy-cy, & fils de ceftuy-
là.

Il y a des relations qui naiffent de la quantité, comme celle qui eft entre le double & la
moitié : D'autres qui naiffent
de la qualité comme celle qui
eft entre deux amis : D'autres
qui naiffent de l'action, comme celle qui eft entre la mere
& le fils : entre la creature & le
createur : D'autres qui naiffent
de la fituation, comme le droit
& le gauche, le haut & le bas,
l'anterieur & le pofterieur : entre lefquels relatifs la relation

n'a point de nom.

On appelle *anterieur* en l'animal la partie vers laquelle se fait le mouuement naturellement. On appelle *Droit*, la partie plus propre naturellement au seruice. Au *viuant* le haut c'est l'endroit par où se tire l'aliment, & ainsi és plantes la racine sera la partie superieure: non pas au regard de l'vniuers, mais au regard de la plante.

Les relations qui sont fondées en la qualité reçoiuent des contraires, comme l'amitié & la ressemblance: les autres relations n'en reçoiuent point.

Es relations fondées en l'action comme entre le chauffant & le chauffé, il y a de la contrarieté, car le chauffant & le refroidissant sont contraires: Mais ceste contrarieté prouient de la qualité, à sçauoir de la chaleur, qui est le fondement de cette relation.

L'amitié, entant que c'eſt vne
affection qui eſmeut l'aimant,
eſt vne qualité: Mais entant que
c'eſt vn reſpect mutuel entre
deux amis, c'eſt vne relation.

Encore que Dieu entant que
Maiſtre & Createur ſoit relatif
à ſes ſeruiteurs & à ſes creatures, neantmoins, il n'y a point
pour cela d'accident en Dieu,
pource que la relation n'eſt pas
és deux relatifs: Et pourtāt elle
n'apporte aucune compoſition,
& n'apporte à la ſubſtance aucun chahgement naturel.

Faut noter que les deux relatifs s'appellent ordinairement
les deux termes de la relation.

Chap. VIII.

De l'Agir.

AGir eſt ſe mouuoir con-
tre le patient, & luy fai-

Rela-
tifs
ont

ou de leur natu-re,

parfaits rela-tifs.

ayans mesmes noms.

Im-par-faits rela-tifs.

ayans diuers noms.

Tous ces re-latifs fon-dez,

en la quan-tité.

en la qua-lité.

en l'a-ctiõ,

en la situa-tion.

ou seulement à nostre esgard.

se receuoir sa vertu.

Des actions les vnes sont naturelles comme le *battement du
cœur*, *le mouuement d'vne pierre
en bas* Les autres sont *volontaires*, comme *acheter, vendre, pein-
dre, escrimer* : lesquelles toutesfois ne se font point sans l'aide
de la nature. Les autres sont
mixtes, c'est à dire, demy naturelles & demy - volontaires :
comme *manger, se promener, courir* : qui sont voirement actions
naturelles, mais qui sont gou-
uernées par la volonté.

Les actions contraires aux
naturelles sont celles qui sont
contre nature & *violentes*, comme *le iettement d'vne pierre en
haut*. Mais aux actions volontaires celles-là sont contraires
qu'on appelle côtraintes, comme *estre traisné en prison*. Il y
a certaines actions qui sont demy - volontaires & demy-con-
traintes, comme quand un mar-

chand iette fa marchandife en la mer pour defcharger le nauire, ou quand vn patient fe fait couper vn bras.

Les actions & mouuemens naturels font plus viftes à la fin, comme *le mouuement d'vne pierre en bas*. Les volontaires font plus viftes au milieu, comme *vne courfe*. Les violentes font plus viftes au commencement, comme *le iect d'vne pierre ou d'vne fleche*.

Toute action emporte quelque mouuement. Si le mouuement fe fait en la fubftance, il s'appelle *generation* ou *corruption*. Le mouuement en la quantité s'appelle *augmentation* ou *diminution*. Le mouuement en la qualité s'appelle *alteration*. Le mouuement au lieu s'appelle *mouuement local* ou *transport*.

Il ne fe fait point de generation fans corruption, ny de corruption fans generation : mais on appelle *generation*, quand la matiere prend vne meilleure forme : & *corruption*, quand elle paſſe en vne pire.

Le mouuement local eſt le principal de tous les mouuemens, & ſans lequel les autres ne ſefont point. Ioint quiln'y a que ce mouuement qui conuienne au Ciel, lequel par ſon mouuement eſt cauſe de tous autres mouuemens, tant en la ſubſtance qu'en la quantité & en la qualité.

Le Ciel tout entier repoſe, mais ſes parties changent de lieu, comme vne toupie qui doet en tournant.

TABLE DES
actions.

Actions
font

- Naturelles.
- Volontaires.
- Mixtes.
- Contraintes.

TABLE DV
mouuement.

Mou-
ue-
ment {
en la subftan-
ce & s'appelle { gene-
ration,
ou cor-
ruptió.

en la quanti-
té, & s'appel-
le { augmẽ-
tation,
ou di-
minu-
tion.

en la qualité, & s'appel-
le *Alteration.*

au lieu, & s'appelle
Tranfport.

C H A P. IX.

De Patir.

PATIR est receuoir la vertu de l'agent.

Il y a tout autant de façons de patir que d'agir.

Bien souuent l'agent repatit & souffre en agissant : comme quand vn qui roule vne pierre pesante se lasse & suë : ou quand on se debilite les dents en cassant vn noyau. L'agent ne repatit point quand il est hors du cercle de l'actiuité du patient : comme le Soleil frappant sur vne eau, ne reçoit point la lueur que l'eau renuoye ; pource qu'il est hors de la portée & du cercle qui limite la reflexion des rayons que l'eau renuoye.

Dieu agit tousiours & par tout, mais ne repatit iamais.

Il

Il y a des verbes actifs en Grammaire, qui font paſſifs en Philoſophie, comme *aimer, ouir, apprendre,* Car toutes ces choſes font paſſions, & ſe font par reception. Au contraire celuy qui eſt aimé, ou qui eſt eſcouté, eſt celuy qui agit, & qui eſmeut l'aimant & l'eſcoutant.

Il y a des paſſions plaiſantes, & des autres corrompantes : comme *l'illumination en l'air, la reception de doctrine en l'eſprit,* ou *des images en la veuë,* font paſſions qui apportent quelque perfection à l'air, à l'eſprit, & à la veuë.

Les paſſions corrompantes font celles qui deſtruiroient le patient, ſi elles alloient touſjours en croiſſant, ou ſi elles croiſſent outre meſure : comme *l'eſchauffement, le refroidiſſement, la laſſitude.*

Les paſſions parfaiſantes font

D

celles qui parfont vne faculté
ou puiſſance naturelle , & luy
donnent la perfection pour laquelle Dieu l'a creée.

CHAP. X,
De Où.

OÙ n'eſt pas le lieu meſme ,
mais c'eſt vne deſiguation
ou remarque d'vn certain lieu.
Car le lieu eſt vne quantité &
vne eſpace meſurable : mais le
Où ne ſe meſure point. Quand
on interroge touchant le lieu ,
on demande par COMBIEN,
pour exemple : *Combien eſt-ce
qu'vn tel corps occupe de lieu?*
Mais icy on demande par Où
en diſant : *Où eſt le Roy? & où
allez vous?*

Des corps on peut demander
combien ils occupent de lieu :
Mais des ames & des Anges,
on ne peut demander cela : ains
ſeulement on demande où ils
ſont? C'eſt ce que les Philoſo-

phes, difent, que les corps font
en lieu circonfcriptiuement &
les ames definitiuement : car
elles ne font pas bornees ni
circonfcriptes de lieu, & routesfois on peut dire d'elles,
qu'elles font icy, où là, & non
ailleurs.

Dieu n'eft en lieu en aucune
de ces façons là : car il eft infini, & tellement prefent en tout
lieu : qu'il n'eft ny borné, ny
definy par aucun lieu. On peut
bien dire, Dieu eft icy : mais
on ne peut dire, Dieu eft icy &
non là.

Chap. XI.
De Quand.

QVAND, n'eft pas le
Temps mefme, mais c'eft
vne defignation ou remarque
d'vn certain temps, en difant
hier, auiourd'huy, demain, &c.

Quand on parle du temps &
de fa durée, on interroge pas

Combien , en difant: *Combien à*
vefcu Noé ? Côbien a duré l'Em-
pire Romain ? Mais icy on demande par Quand , en difant:
Quand auons nous l'Equinoxe ?
Quand eſt ce que Iules Cefar a
eſté tué ?

Il y a des choſes qui ſe font
en temps , qui toutesfois ne ſe
meſurent point par le temps, à
ſçauoir , celles qui ſe font en
vn moment, comme l'impreßion
d'vn cachet, l'illuminatiõ de l'air
d'vne chambre, quãd on ouure les
feneſtres , la reception de l'image
en l'œil. De ces choſes on ne
demande point en combien
de temps , mais quand elles
ont eſté faites.

C H A P. XII.

De la Situation.

L A Situation eſt la poſition
ou placement des parties
en leur tout , ſoit que ceſte ſi-
tuation ſoit naturelle , comme

La situation du bras au bout de
l'espaule, soit qu'elle soit volõ-
taire, comme *quand on est assis,
ou agenoüillé.*

Chap. XIII.
De l'Habit.

Par l'Habit nous n'enten-
dons pas les vestemés: Car
ils appartiennent à la substance. Mais nous entendons l'ap-
plication des vestemens & autres ornemés autour du corps,
comme *estre coëffé, chauffé, emiu-
ponné, enmantelé.*

Sous ces dix classes ou bandes de choses sont contenuës
toutes les choses du monde, &
toutes les conceptions simples:
& de ces choses sont côposées
les Enonciations & les arguments ou Syllogismes dont il
sera parlé cy-apres. Car il n'y
a chose au monde dont l'esprit
humain ne puisse argumenter
& discourir.

D iij

SECOND
LIVRE.

Qui est
DES LIEVX D'IN-
uention.

CHAPITRE PREMIER.

*Comment les conceptions simples,
entrent en vn argument,
& y seruent.*

POVR enseigner comme
mét ces conceptions
simple sentrent en vn
argument ou syllo-
gisme, & comment elles sont
employées pour raisonner &
discourir, il faut reuestir ces
choses d'autres noms : Pource
qu'à les cognoistre seulement

cõme elles sont deduites és Cathegories, elles ne pourroient
seruir à ouurir le discours & à
former la raison. Car comme
autre chose est de considerer le
cuir ou le bois en soy, & autre
chose les considerer entant
qu'ils sont propres à faire vn
soulier ou vn banc : ainsi autre
chose est de considerer les choses en elles mesmes : autre chose les considerer entant qu'elles
sont outils & instrumens de la
raison. Nous auons és Cathegories consideré les choses en
elles mesmes, maintenant il les
faut considerer entant qu'elles
peuuent seruir à argumenter
ou raisonner.

Quand donc on recherche la
verité de quelque question,
pour exemple, *Si la volupté est
vn bien*: & qu'on veut amasser
des preuues pour prouuer ou
pour impugner la question proposée; tout ce qu'on y peut ap-

porter eſt., 1. Ou *le Genre* de ce que nous voulons prouuer. 2. Ou ſon *Eſpece*. 3. Ou ſa *diffe-rence*. 4. Ou ſon *Propre.* 5. Ou quelque *Accident.* 6. Ou ſon *Tout* , ou quelque *Partie de Tout.* 7. Ou ſa *Deffinition.* 8. Ou ſa *Diuiſion.* 9. Ou quelque choſe de *accouplé.* 10. Ou ſa *cauſe* , ou ſon *Effect.* 11. Ou ſon *Etymologie.* 12. Ou quelque choſe de *Semblable* ou *Diſſemblable.* 13. Ou ſon *Oppoſé.* 14. Ou vne *Comparaiſon és choſes.* 15. Ou vne *Comparaiſon en la probalité.* 16. Ou quelque *Teſmoignage.* De chacun deſquels poincts il faut traicter à part , pour ſçauoir que c'eſt, & comment il s'en faut ſeruir.

Chap. II.

Du Genre.

LE Genre eſt vne nature qui conuient à pluſieurs cho-

ſes differentes en eſpece. Cõme
ce mot, *Animal,* eſt vn gẽre, qui
ſignifie vne nature commune à
l'homme & à la beſte: L'*Animal*
eſt le genre : *l'homme* & la *beſte*
ſont ſes eſpeces. Ainſi *la plante*
eſt le genre de l'arbre , & *la ver-*
tu eſt vn genre qui a pour eſpeces la *iuſtice, la temperance,* &c.

Il y a vn genre ſouuerain &
tres general : & vn genre inferieur & ſubalterne. Comme la
Subſtance eſt vn genre ſouuerain, qui n'eſt iamais eſpece :
mais l'*Animal* eſt vn genre inferieur : Car il eſt voirement
genre de l'homme & de la beſte , mais il eſt eſpece *de corps* :
Comme auſſi le corps eſt eſpece de ſubſtance.

Subſtance.

Corporelle, Incorporelle

Animée, Inanimée

l'Animal la plante

l'homme la beste

Tels genres conuiennent e-
galement à leurs especes, &
pour mesme raison : Mais il y a
des genres equiuoques, qui
conuiennent à plusieurs especes, pour diuerses raisons. Cõme ce mot de *loup* conuient à
vn animal terrestre rauissant,
à vn poisson, & à vn mal de jã-
bes : Ainsi le mot de *sable*, signifie du sablon, & vn horlo-
ge, & vn cimeterre turquois,
& vne sorte de fourrure, & la
couleur noire en armoiries.

Genre Analogique.

Vn genre Analogique est celuy qui conuient à plusieurs especes, non pas pour mesme
cause entierement, mais toutesfois pour quelque rapport
ou similitude : Comme ce mot

de *pied* conuient au *pied d'vn
animal,* & *d'vne table,* & *d'vn
carme* & *d'vne môtagne,* & *d'vn
verre.* Et le mot de *sain* conuiét
au corps, & à l'air, & à l'exercice,
& à l'vrine, en diuers sens, &
neantmoins il y a quelque conuenance. Ordinairement vn tel
genre conuient premierement
à vne des especes, & puis aux
autres à cause de quelque rapport auec celle-là, comme il
appert par ces mesmes exemples : Car le mot de *pied*, conuient premierement, & propre-
ment au pied d'vn animal, &
puis apres au pied d'vne mon-
tagne, ou d'vne table, par quelque ressemblance ou proportion. Et estre *sain*, conuient premierement au corps, & puis en
second lieu à l'exercice, & à
l'vrine: pource qu'ils sont ai-
des ou marques de la santé du
corps.

Genre,
{
- Souuerain.
- Inferieur
  {
  - Sinonime ou vniuoque, côme animal, plante.
  - Equiuoque
    {
    - entierement æquiuoque, comme fable.
    - Equiuoque en partie, où il y a quelque rapport & côuenance entre les especes comme pied, &c.
    }
  }
}

CHAP. III.
De l'Espece.

L'Espece est vne nature comprise sous le genre, lequel joinct auec quelque difference, fait l'espece : Ainsi l'homme est vn *animal raisonnable* : *Animal* est le genre de l'homme, mais le mot *raisonnable* est sa difference, qui distingue l'homme d'auec les autres especes d'animaux.

Il y a deux sortes d'especes, vne *tres-speciale*, & qui ne peut iamais estre genre, comme *homme*, *lyon*, *elephant*, *or*. Car telles especes ne se diuisent point en d'autres especes, ains seulement en substance singuliere, ou indiuidus.

Mais il y a vne espece subalterne, qui comparée aux especes inferieures est genre : Comme *l'animal* est espece au regard du corps, mais est genre au regard de *l'homme.*

Pour argumenter & difcou-
rir de quelque chofe , on fe fert
du genre & de l'efpece, & tels
argumens font fondez fur ces
maximes.	Maximes.

1. *Tout ce qui conuient au genre,*
conuient aufſi aux efpeces. Car
tout ce qui conuient à l'arbre
en general, conuient aufſi au
laurier. Excepté ce qui côuient
au genre, entant qu'il eſt genre ,
comme d'eſtre plus general
que fes efpeces & de les contenir.

2. *Ce qui ne conuient point en*
genre : ne conuient point à l'efpece:
Car ce qui ne conuient point à
l'animal , ne conuient point
aufſi à l'homme.

3. *Où eſt le genre, il n'eſt pas ne-*
ceſſaire que l'efpece foit : Car fi
cela eſt vn animal, il ne s'enſuit
pas pour cela qu'il foit homme.

4. Au contraire: *Où eſt l'ef-*
pece, là aufſi eſt le genre par ne-

coſité. Car quiconque eſt homme, eſt auſſi animal: Et quiconque dit que c'eſt là vne laictuë
dict auſſi par conſequent que
c'eſt vne herbe.

Chap. IIII.

De la Difference.

LA Difference eſt ce par
quoy vne choſe eſt diffe-
rente d'auec l'autre.

Des differences les vnes ſont
plus grandes que les autres:
Car il y a des choſes qui ne different qu'en nombre: comme
Pierre & Iean. Il y en a d'autres
qui different en eſpece : comme
l'homme & la beſte. Il y en a auſſi
qui different en genre : comme
l'homme & vn caillou. Mais bien
la plus grande difference eſt
quand deux choſes ſont en deux
Cathegories diuers : comme
cheual & blancheur.

Item, il y a les differences eſfentielles , & des differences accidentelles: comme vn homme eſt different d'auec vn cheual en eſſence & definition : Mais vn François eſt different d'auec vn Maure ſeulement en couleur , ou en complexion, qui ſont accidens, & ne ſont pas là les choſes qui font l'homme eſtre homme.

Entre les differences eſſentielles , la principale & plus conſiderable eſt celle qu'on appelle *Specifique* , par laquelle les eſpeces d'vn meſme genre different eſſentiellement. Ceſte difference a ces deux proprietez , qu'elle conſtituë l'eſpece, & diuiſe le genre: ainſi *la vie ſenſitiue* eſt la difference qui conſtituë l'animal, & fait l'animal eſtre animal, Cette meſme difference diuiſe le genre, à ſçauoir le *Viuant.* Ainſi *eſtre raiſonnable* eſt la difference qui diuiſe *l'animal,* & conſtituë l'homme,

me. Et la mesme perfection qui
fait l'homme estre homme, est
ce qui le rend different des autres animaux.

<hr>

CHAP. V.
Du Propre.

LE Propre est de deux sortes, Car il y a des proprietez qui sont tres propres, &
des autres qui sont moins propres à quelque chose.

Les proprietez tres-propres
sont celles qui conuiennent à
tous les singulieres d'vne espece,
& à eux seuls & tousiours. Ainsi c'est vne proprieté de la
pierre d'aimant de pouuoir tirer le fer : Et c'est vne proprieté de l'homme d'estre propre à
rire & à parler : & le hannissement est propre au cheual, &
le muglement au bœuf.

Les proprietez moins pro-
pres sont celles qui conuien-

E

neut aux feuls finguliers d'vne
efpece mais, non pas toufiours,
ny à tous : comme il eft propre
à l'homme d'eftre Philofophe
& Muficien, mais non à tout
homme, ny en tout temps. Ainfi
le propre de la Lune eft de
fouffrir Eclipfe, mais non en
tout temps. Et le propre des
plantes eft de perdre leurs fueilles en hyuer, mais cela ne conuient pas à toutes ny toufiours;
Car il y en a qui font toufiours
vertes.   *Maxime.*

*Par tout où eft la difference, là
auffi eft l'efpece & la proprieté
tres-propre. Car ces chofes marchent toufiours enfemble.*

CHAP. VI.
De l'Accident.

NOus ne prenons pas icy
l'accident pour tout ce
qui eft au monde hormis la
fubftance; Car l'accident ainfi
pris au large, comprend auffi le

propre, & n'a aucun vſage à former le diſcours & à arguméter.

Mais par l'accident nous entendons les circonſtances muables où ſeparables d'vn ſubjet,
qui peuuent eſtre ou n'eſtre
point en vn ſubjet, ſans que
pour cela le ſubject en ſoit deſtruit: Comme la blancheur en
vne muraille, & la vaillance en
vn homme, ſont accidents qui
peuuent eſtre ou n'eſtre point
en la muraille ou en l'homme,
ſans que pour cela l'homme ou
muraille en ſoient deſtruits, ou
en ſoient plus ou moins homme ou muraille.

Accidents antecedents, concomi-
tans eſt ſubſequents.

Des accidents comparez enſemble, les vns marchent deuant & precedent en ordre de
nature ce que nous voulons
prouuer: les autres l'accom-
pagnent, les autres le ſuiuent.

Les premiers s'appellent ante-

cedents, comme la laſſitude &
le friſon deuant la fiebvre ; l'eſ-
cume deuant la tourmente :
l'aube du iour deuant le iour.
Les deuxieſmes s'appellent
concomitans, c'eſt à dire, *accom-
pagnans*, pource qu'ils marchent
enſemble : comme l'orgueil &
la folie : l'Eclipſe de Lune & la
pleine Lune. Les troiſieſmes
s'appellent *conſequents*, comme
la pluye apres le matin rouge,
la fievre apres le degouſt & laſſitude ſans auoir trauaillé.

On ſe ſert des *antecedents* &
concomitans pour prouuer probablement qu'vne choſe eſt, ou
ſera, comme par la palleur on
prouue la crainte, & par la rougeur montee au viſage la honte
& la componction de conſcience. Et par les cornes de la Lune
mouuës on conjecture qu'il
pleuuera, & par la rougeur de la
Lune qu'il y aura du vent : Mais
les preuues ſont plus fortes,

quand elles font tirees des accidents fubfequents , lefquels
ne peuuent eftre, que quelque
autre chofe n'ait precedé:Com-
me on prouue vne bataille par
plufieurs corps occis , gifans en
vn champ : le naufrage , par
force planches flottantes fur
mer.

Les maximes font.

1. *Posé l'antecedent, le confequent
fuit probablement.*

2. *Posé le confiquent , il faut que
l'antecedent ait precedé.* Sur tout
quand c'eft vn effect qui ne
peut arriuer que d'vne caufe :
comme on prouue puis qu'il
faict iour, que le Soleil eft leué. Mais fi c'eft vn effect qui
puiffe arriuer de diuerfes caufes , comme *les corruptions d'vn
Eftat , & les fievres* , la preuue
n'eft point neceffaire.

CHAP. VII.

Du Tout & des Parties.

LE Tovt est ce qui a toutes les parties jointes ensemble en vn ordre & situation conuenable : comme le tout & l'intregrité d'vne maison est, quand non seulement toutes les parties y sont : mais aussi quand chaque partie est en son endroit conuenable.

Il y a deux sortes de Tovt : l'vn qui se diuise *en partie formelle* : l'autre *en partie materielle*.

Les parties formelles sont les parties dont la definition est composée : comme le genre & la difference sont les parties de la definition. Ainsi l'animal & la raison sont les deux parties formelles de l'homme. Ainsi les parties formelles d'vne maison, ou d'vne statuë, sont la matiere & la figure ou for-

me exterieure. Telles parties
se peuuent bien difcerner &
diftinguer par nos entende-
mens, mais ne fe peuuent fepa-
rer en effect. Les parties materielles font celles qui different
de fituation, & qui pour la
plufpart peuuent eftre feparées
en effect : comme les parties
materielles du monde font le
ciel & les quatre elements : les
parties materielles d'vne maifon, font le fondement, les murailles, & le toict.

Chaque partie materielle a
la fituation à part, hormis
quand il y a meflange ou com-
mixtion, comme quand le vin
eft meflé auec l'eau, ou quand
les quatre elements font mef-
lez en vn corps.

Les parties materielles ou
font femblables entre elles ;
comme les parties de l'eau, du
fang, du beurre, de l'huile : Ou
bien font diffemblables entre

elles , comme les parties du
corps humain , & d'vne maison.

Les parties semblables entre
elles n'ont point vn certain nõ-
bre, pource qu'elles se peuuent
diuiser à l'infiny.

Parties principales ou
integrantes.

Les parties dissemblables
sont, ou integrales, ou non integrales.

Les integrales sont celles
dont le tout est prochainement
composé , comme le Royau-
me est prochainement composé du Roy & des trois estats :
Le monde est composé du ciel
& des quatre elements : L'animal est composé du corps & de
l'ame.

Mais sous vne de ces parties
sont souuent comprises d'autres
petites parties non integrales,
c'est à dire, dont le Tout en
l'Entier n'est pas prochaine-

ment composé, entre lesquelles il y en a qui ne sont pas necessaires, & qui seruent plus à
l'ornement & à la commodité,
qu'à la necessité : comme en
vne Republique les chasseurs,
les parfumeurs, les Musiciens,
& les Poëtes : En vne maison
les contre-fenestres, les gout-
tieres, & les giroüettes.

Ordinairement en vne Re-
publique, les parties les plus
necessaires sont celles qui pa-
roissent le moins. Et celles qui
sont pour la necessité sont
moins honorees que celles qui
sont pour l'ornement ou pour
la volupté : comme les boulen-
gers sont moins estimez que
les patissiers, & les laboureurs
que les orphevres.

Il y a des petites parties &
non integrantes, qui toutesfois ne laissent d'estre principales & entieremeut necessaires : comme le cœur de l'hom-

me & le cerueau. *La voute a cela de propre*, que toutes ses parties ,quelques petites qu'elles soient , y sont principales, pource qu'vne d'icelles ostée, le reste se fond.

Il y a des parties qui n'estant point necessaires pour estre, neantmoins sont necessaires pour bien estre & commodément : comme l'œil au corps humain : les serrures en vne maison, les marchands drappiers en vne ville.

Les ongles ,sont parties du corps humain & les dents,mais non le poil : car le poil est vn excrement. Vne petite quantité de nostre sang n'est pas estimée partie du corps : car cela osté, le corps n'est pas moins complet , & souuent en est plus sain, mais la masse du sang entiere est partie du corps.

Pour argumenter & chercher la verité par le moyen du

Tout & des *Parties*, il faut sçauoir ces Maximes. *Maximes.*

1. *Où eſt le Tout*, là neceſſairement ſont toutes les parties inté-
grantes & neceſſaires à eſtre. Où
eſt l'homme, là neceſſairement
ſont le corps & l'ame.

2. *Oſtez vne des parties inte-*
grätes & neceſſaires, vous deſtrui-
ſez le Tout. Oſtez les fonde-
ments ou les murailles, vous
deſtruirez la maiſon.

3. *Tout ce qui conuient à vn Tout*
compoſé de parties ſemblables con-
uient auſſi à chaque partie : hor-
mis ce qui conuient au TOVT : entant qu'il eſt TOVT : comme, de
côtenir toutes les parties. Pour
exemple, *eſtre ſalé*, conuient à
toute la mer, & à chacune de
ſes parties : Mais *enuironner la*
terre, conuient à la mer entant
qu'elle eſt vn TOVT : & partant
cela ne conuient à aucune de
ſes parties.

CHAP. VIII.
De la Definition.

LA Definition eſt vne oraiſon qui exprime l'eſſence
de la choſe.

La définition parfaite d'vne
ſubſtance, eſt celle qui eſt compoſée du genre prochain & de
la difference ſpécifique : comme la definition de la *plante*, eſt
d'eſtre vn *corps viuant de ſe ve-*
getatiue : de l'homme, d'eſtre vn
animal raiſonnable. De ces defi-
nitions il ne s'en fait gueres,
pour ce que les formes & differences eſſentielles des ſubſtances ne uous ſont pas cogneuës.

Il n'y a que Dieu qui les a faites, qui les cognoiſſe exactement.

La definition parfaicte des
accidents eſt compoſée de trois
pieces, à ſçauoir de ſon *genre*
prochain : de ſon *ſubiet propre*,
& de ſa *cauſe prochaine efficiente,*

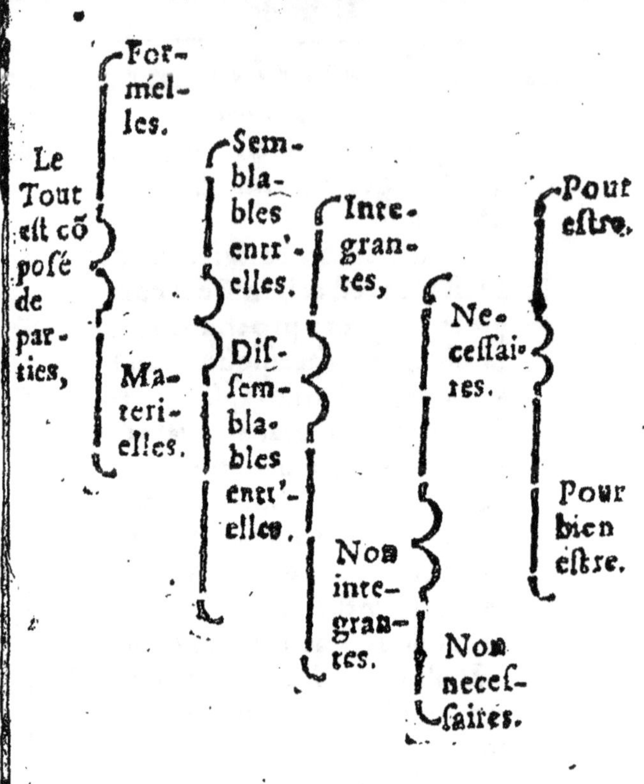
For-
mel-
les.

Le
Tout
est cõ
posé
de
par-
ties,

Ma-
teri-
elles.

Sem-
bla-
bles
entr'-
elles.

Dis-
sem-
bla-
bles
entr'-
elles.

Inte-
gran-
tes,

Non
inte-
gran-
tes.

Ne-
cessai-
res.

Non
necef-
faires.

Pour
estre.

Pour
bien
estre.

ou *finale*. Pour exemple, la
mort est vn accident dont le
genre est *la fin ou destruction de
la vie* : le subiect est *le corps du
viuant* : sa cause efficiente prochaine est *l'extinction de la chaleur vitale*.

· Voicy donc la definition parfaite de la mort : à sçauoir, que
*c'est la destruction de la vie du
corps viuant, par l'extinction de la
chaleur vitale*. Ainsi se definissent la colere, la tristesse, la
maladie, le tonnerre, le trem-
blement de terre, l'Eclipse de
Lune, & celle du Soleil, la
guerre ciuile, la respiration, &
infinies autres choses, dont
nous produirons les exemples
à la fin de ce chapitre.

Il n'y a que les accidents propres qui puissent estre ainsi definis. Car les accidents muables fortuits, ou qui n'ont
point vne cause certaine qui
nous soit cognue, ou qui de-

pendēt de la volonté de l'homme, ne peuuent estre definis
exactement. Et pourtant au
lieu de les definir, on en faict
vne description la plus claire
qu'on peut, en exprimant leur
genre & quelque proprieté.
Ainsi on definit la blancheur,
en disant que c'est la couleur la
plus simple & la plus claire : &
la lumiere, en disant que c'est
la premiere des blancheurs : ou
que c'est la blancheur du corps
du Soleil, qui espand sa ressemblance par les corps transpa-
rents.

Les instrumens naturels cōme l'œil & la main, ou artificiels,
comme vn manteau ou vne coi-
gnée, se definissent par leur
genre, & par leur aptitude à
la fin pour laquelle ils ont esté
faits. Ainsi l'œil est l'organe de
la veuë, & vn marteau est vn
outil à coigner.

La definition sert à discou-

Definition.

- De la substance qui est composée
  - Du genre prochain.
  - De la difference.
- De l'accident.
  - Propre qui se definit par
    - le genre prochain,
    - le subiet propre,
    - la cause prochaine : Efficiente ou Finale.
  - Impropre ou fortuit, lequel se definit comme la substance, entant qu'il est possible.

tir & à argumenter par le
moyen de cette Maxime.

Maxime.

A quiconque convient la defini-
tion, convient aussi le defini : &
reciproquement. A quiconque
convient le definy, convient aussi
la definition.

EXEMPLES DE LA
Definition de l'Accident
propre.

Tonnerre.

Son en la nuë par l'eruption
d'une exhalation ardente.

Mort.

Destruction de la vie de l'ani-
mal par l'extinction de la chaleur
vitale.

Eclipse de Lune.

Obscurcissement de la Lune, par
l'interposition de la terre.

Cholere.

Perturbation du courage par l'o-
pinion d'une injure receuë.

Guerre ciuile.
Trouble d'vn Estat par le discord des parties.

Chauueté.
Perte du poil de la teste, par le defaut de l'humeur radicale.

Respiration
Attraction d'air au poulmon pour rafraischir le cœur.

Maladie.
Indisposition du corps par l'intemperie des humeurs.

Tremblemens de terre.
Agitation d'vne partie de la terre, par l'effort des vents enclos en la terre.

Aueuglement.
Priuation de lumiere en l'œil, par la corruption des organes de la veuë.

Tristesse.
Douleur de l'appetit irascible, par le sentiment de quelque mal.

Eclipse de Soleil.
Obscurcissement de l'air, par l'interposition de la Lune

CHAP.

CHAP. IX.

De la Diuifion.

IL y a plufieurs fortes de diuifion. Car ou on diuife vn genre en fes efpeces : ou vn tout en fes parties : ou vn fubjet en diuers accidents : ou vn accident en diuers fubiets : ou vn mot en diuers fignifications.

1. Premierement, on diuife le genre en fes efpeces comme l'animal en l'homme & en la befte : les actions en naturelles & volontaires.

2. Ou bien on diuife vn tout en fes parties. Ainfi on peut diuifer l'homme au corps & en l'ame : vne maifon au fondement, és parois, & au toict : laquelle diuifion fe fait ou en la penfée, ou par effect.

3. Ou on diuife le fujet en diuers accidents : comme quand on diuife les hommes en francs

F

& serfs , en masles ou femelles ,
en fols ou sages.

4 Ou bien on diuise vn acci-
dēt en d'autres accidents ; comme quand on diuise les Medecins en riches & en pauures , les
soldats en grands & petits, forts
ou foibles.

5. Quelquesfois aussi on diuise les accidents en diuers su-
jets : comme les maladies en
maladies du corps & maladies
de l'ame. Ainsi on peut diuiser
la corruption , en corruption
des corps simples, ou en la corruption des corps meslez ou
compofez.

6. On diuise aussi vn mot
equiuoque en ses diuerses si-
gnifications ; comme vne *aul-
ne* , en vn arbre & en vne mesure.

Loix de la Diuission.

1. Pour faire vne bonne diuision , il faut qu'elle se fasse en
peu de parties , & s'il se peut

faire en deux parties opposées : comme quand on diuise
l'animal au raisonnable & ir-
raisonnable : le nombre au pair
& en l'impair : la ligne en la
droicte & en la courbe. Mais
cela n'est pas tousiours possible : comme quand on diuise
les sens exterieurs en cinq : &
la France en dixsept gouuerne-
ments.

2. Item, il faut qu'en la diuision il n'y ait rien de superflu :
rien aussi qui y manque. Ainsi si
quelqu'vn disoit, que les sens
sont, l'ouye, la veuë, le flair,
& les deux yeux : il y auroit en
cette diuision quelque chose
de manque, & quelque chose
de superflu.

3. Faut aussi que les parties de
la diuision n'enjambent point
l'vne sur l'autre : comme qui
diroit, *Toute couuerture du corps*
est ou vestement, ou habillement,
ou robbe : Ou, *la iustice consiste*

en trois choſes, à viure honneſte-
ment: à n'offenſer perſonne: à rē-
dre à chacun ce qui luy appartient.
En ces diuiſions les parties ſont
ou point, ou peu differentes, &
ſont quaſi la meſme choſe.

TABLE DE LA
Diuiſion.

Ou du genre en ſes
　eſpeces.
Ou du tout en ſes
　parties.
Ou du ſuiet en ſes
　accidents.
Ou d'vn accident en
　d'autres accidents.
Ou d'vn mot equi-
　uoque en diuerſes
　ſignifications.

CHAP. X.

Des choses accouplees, qu'on ap-
pelle en Latin Coniugata,
Conjuguées.

L'Accouplemént se considere
ou és mots, ou és choses.

Les mots accouplez ou coniuguez sont ceux qui venans
d'vne mesme origine, sont differens en terminaison : comme
iuste, *iustice*, *iustement*: *Blanc,*
blanchement, *blanchir & blan-*
cheur: desquels mots la liaison
& affinité est fondée sur quelque affinité en la nature des
choses signifiées par ces mots.

Mais il y a des choses iointes
& accouplées de nature, qui
ne le sont point quant aux
mots : comme *dormant*, *som-*
meil, *estre assoupi* Ainsi *la mort*
& vn trespassé, n'ont rien de
commun quant au mot, mais
vne grande conuenance en la
chose.

F iij

Il y a aussi des mots accouplez où toutesfois il n'y a nulle
liaison necessaire quant à la
chose: comme *coupe & couper,
songe & sommeil.*

Vsage.

Pour argumenter & discou-
rir, l'accouplement & affinité
des mots où il n'y a point d'affinité en la chose est inutile :
mais où l'affinité des mots pro-
cede de l'affinité en la chose,
alors on se sert de ceste Maxime.

Maxime.

*A quiconque conuient vn des
coniuguez ou accouplez, les autres aussi luy conuiennent : comme qui ment est menteur Et A
quiconque conuient de faire chose
iuste, à celuy là conuient la iustice, & de viure iustement. Et,
Puis que tu es homme, il faut que
tu te contente de la condition hu-
maine.*

Ceste Maxime n'est pas sans
exception, comme appert par

l'exemple de Cambyfes, qui
eftant fort iniufte, a fait quelques actions iuftes : ayant cou-
uert le fiege iudicial de la peau
d'vn iuge inique qu'il fit efcor-
cher, afin de feruir d'aduertif-
fement à ceux qui s'afferroient
en ce fiege. Ainfi tel Prince aime la trahifon, qui ne laiffe pas
de hayr le traiftre.

C H A P. XI.
Des Caufes & effects.

CAufe eft ce qui produit
quelque effect: Ou ce parquoy, ou pourquoy quelque
chofe eft.

Il y a quatre fortes de caufes :
*la matiere, la forme, l'efficiente,
& la fin.* Pour exemple, la *Matiere* d'vne maifon font les
pierres, le bois, & les tuilles :
la *Forme*, c'eft la ftructure, &
façon de baftiment qui refulte
de la fituation ou difpofition
des parties : la caufe *efficiente*

E iiij

est l'architecte : la cause *finale*, est la demeure ou habitation.

La cause efficiente & & la finale s'appellent *externes*, pource qu'elles sont hors la chose, & n'en sont point parties : comme l'architecte n'est point partie de la maison. Car encore que l'architecte soit enclos dans la maison qu'il a bastie, si ne laisse il pas d'estre cause externe ; pource qu'il n'est pas de l'essence, ny de la definition de la maison, ny partie d'icelle. Mais la matiere & la forme sont causes *internes*, pour ce que la chose en est composée.

De la matiere.

La matiere est ce dequoy la chose est composée, comme le cuir est la matiere du soulier, pource que le soulier est de cuir.

Il y a deux sortes de matieres. L'vne qu'on appelle matie-

re de *generation* : comme la se-
mence est la matiere de la generation de l'arbre, le limon,
matiere de la generation des
grenoüilles : l'eau matiere de
la generation de la glace. L'autre est matiere de *composition* :
comme les quatre elements
sont la matiere dont vn corps
est composé , le bois & la
pierre sont matiere d'vne maison.

Quelquefois la matiere se
prend improprement pour le
subiet dont on parle, ou dont
on escrit. Ainsi les batailles, &
les amours, sont la matiere de
l'Ariolte. Item pour l'occasion
& le subiet de trauailler &
s'occuper : comme les nombres sont la matiere de l'Arith-
meticien : & les perils & dou-
leurs sont la matiere de la vaillance & de la patience.

La *forme* est celle qui donne
estre à la chose.

Des formes les vnes sont Naturelles : comme la forme de l'animal est *l'ame sensitiue* : & la forme de l'œil est la *faculté visiue* : Les autres sont Artificielles, comme la forme d'vne statuë, d'vne maison, d'vn horologe.

Les formes naturelles sont partie de la substance, & se multiplient par generation. Mais les formes artificielles sont qualitez, & non parties de substances : & ne se multiplient point par generation ou propagation. Si vous engrauez l'image de Cesar sur vn noyau, ce noyau planté produira des fruits & des noyaux, qui ne porteront point l'image de Cesar. De là vient que les enfans ne sont point heritiers du sçauoir ny de la pieté de leurs peres.

De la cause efficiente.

La cause efficiente, c'est ce par-

quoy quelque chofe eft : comme le Soleil eft caufe efficiente
du iour, & le feu du bruflement,
& la maladie de la mort, & l'in-
terpofition de la Lune caufe de
l'Eclipfe du Soleil. Sous la
caufe efficiente nous compre-
nons icy la caufe qu'on appelle
meritoire, comme le meurtre
eft caufe du fupplice.

Item fous la caufe efficiente
nous côptenons la caufe qu'on
appelle *deffaillante* : comme le
defaut de veuë eft caufe qu'on
fe fouruoye, & l'abfence du
Soleil eft caufe de la nuict,
quoy que de fa nature il foit
caufe du iour.

Les *inftruments* tant naturels,
comme l'œil & la main, qu'artificiels, comme vne coignee,
& vne efpee, font en quelque
façon caufes efficientes. Car
encores qu'ils n'agiffent pas
par leur propre vertu, fi eft-ce
qu'ils aident l'action, & fans

iceux l'action naturelle seroit
ou foible, ou entierement em-
pefchée.

De la cause finale.

La cause finale, eſt ce pourquoy vne choſe eſt faite : Ainſi
la fin de la medecine eſt la gueriſon du malade , & la fin de
l'eſtude l'acquiſition du ſçauoir.

Il faut ſoigneuſement di-
ſtinguer *le but* d'auec *le bout* :
comme le but d'vne promena-
de c'eſt la ſanté : mais le bout
c'eſt le dernier pas : l'vne eſt la
fin de l'intention, l'autre la *fin de
progreſſion*.

Il eſt bien poſſible que ce qui
eſt cauſe finale, ſoit auſſi formelle & efficiente, mais en diuers eſgards. Comme la forme
de la maiſon eſt la fin de l'architecte : & la forme du cheual engendré, eſt cauſe efficiente des operations de ce meſme
cheual, & auſſi la cauſe finale

du cheual engendrant. Et ce qui est cause finale est ordinairement vn effect: comme voir, est cause finale & aussi effect de la veuë.

Entre les causes la finale est la meilleure & la plus excellente; pource que toutes les autres tendent à celle là, & seruent à celle là. La cause finale comme elle est la derniere en l'execution, aussi est elle la premiere en l'intention.

Cause par soy, & cause par accident.

Les causes efficientes & finales produisent leurs effects, ou par elles mesmes & de leur nature, ou par accident: Ainsi le Soleil esclaire de soy mesme & de sa nature, mais il aueugle par accident les chats-huants: & le hannissement du cheual de Darius, a esté cause par accident de l'esleuer au Royaume. Et la soif peut estre

cauſe par accident de ſauuer vn
hôme de la bataille, ſi ayât ſoif,
il eſt ſorty de l'armée pour
boire : & eſt aduenu que pendant qu'il boit, l'armée a eſté
ſubitement desfaite. Ainſi vn
Muſicien qui baſtit, n'eſt pas
cauſe du baſtiment entant que
Muſicien , mais entant qu'architecte ou baſtiſſeur. Il eſt le
meſme de la cauſe finale : Pour
exemple : La gueriſon eſt la fin
propre de la medecine : mais le
gain du Medecin eſt vne fin ac-
cidétale : l'vne eſt la fin de l'art,
l'autre eſt la fin de l'homme.

Cauſes proches & cauſes eſloignées.

Item, il y a des cauſes pro-
ches & des eſloignées. Pour
exemple : La fin prochaine de
l'art de ſoldat, c'eſt la guerre,
& la fin la plus eſloignée c'eſt
la victoire, & vne fin encore
plus eſloignée eſt vne heureuſe
paix. Ainſi la cauſe efficiente

prochaine de la mort c'eſt la maladie, & de la maladie l'ex-cez, & de l'excez les mauuaiſes compagnies,

Il eſt de meſme des formes & des matieres, La matiere prochaine d'vne table c'eſt le bois, mais la matiere eſloignée ſont les quatre elements, La forme prochaine de chaque choſe eſt celle qu'on appelle ſpecifique ; mais les formes eſloignées ſont les formes des genres prochains ou eſloignez, Ainſi la forme prochaine de l'homme c'eſt d'eſtre raiſonnable, mais auoir ſentiment eſt la forme de l'animal, qui eſt le gente de l'homme ; & par conſequent eſt auſſi forme de l'homme, mais eſloignée,

Item, il y a des cauſes qui ſuffiſent ſeules à produire vn effect ; comme le Soleil ſuffit ſeul pour eſclairer, & le feu pour bruſler, & la faueur de

Dieu pour rendre l'homme
heureux : Mais il y a des cauſes qui ne ſuffiſent pas ſeules,
& en faut pluſieurs enſemble :
comme pour rendre la terre
fertile ; il faut que la terre ſoit
graſſe, qu'elle ſoit bien culti-
uée : que la pluye la detrempe :
& que le Soleil l'eſchauffe en
temps & par meſure. Pour eſtre
ſçauant, il eſt beſoin d'vn bon
eſprit, de bons enſeignemens,
& d'vn ſoigneux exercice.
Ainſi pluſieurs choſes cauſent
la victoire : l'experience du
chef, la valeur des ſoldats, la
diſcipline militaire, les armes
neceſſaires, le nombre, le Soleil, la poudre, &c. Mais ſur
tout la volonté de Dieu.

Maximes.

Pour argumenter par les cauſes & par les effects, on ſe ſert
de ces Maximes.

1. Ce qui conuient à la matiere,
vray ſemblablement conuient à ce
que

qui est composé de cette matiere
cōme la terre est pesante, & par
consequent les corps terrestres
doiuent estre pesants. Ceste maxime se trouue quelquesfois
fausse. Pour exemple ; La glace
est dure, & neantmoins sa matiere est molle & fluide, à sçauoir l'eau.

2. Où la matiere defaut, là aussi
defaut le composé : comme, où il
n'y a point de fer, on ne peut
faire d'espée.

3. La cause efficiente prochaine
& necessaire posée, ou ostée, l'effect
aussi est posé ou osté : comme si le
Soleil luit, il ne fait point iour :
& cet effect estant posé, la cause efficiente est aussi posée.

4. Quand pour produire vn effect plusieurs causes sont necessaires, vne des causes ostée, l'effect
aussi est osté.

5. Telle qu'est la cause efficiente,
tels sont ordinairement les effects.
Ainsi de mauuais peres vicie-

nent de mauuais enfans : & les
chofes fortes engendrent des
fortes : & les Maures ont des
enfans ,noirs. Cette Maxime
eſt fouuent faüſſe , principalement és cauſes eſloignées &
vniuerfelles comme le Soleil
ne croiſt point , & neantmoins
fait croiſtre les plantes : il n'a
point d'odeur , & neantmoins
fait fentir bon les fleurs , &
puyr les charongnes. Et Dieu
meut tout, & toutefois eſt im-
mobile , Item és cauſes qui
agiſſent par accident : comme
vne queux n'eſt point aiguë, &
toutefois aiguife: le Soleil n'eſt
pas chaud , & toutesfois eſchauffe par accident , en rare-
fiant & purifiant l'air par la re-
flection de fes rayons.

6. *Quand vne meſme qualité*
conuient à ce qui agit & à ce qui
patit,elle doit dauantage conuenir
à ce qui agit: comme la main eſt
chaude à caufe du feu qui agit
contre elle;donc le feu eſt plus

chaud que la main. Et, le Soleil rend luifant vne eau , donc il eſt plus luifant que l'eau.

Cette maxime ſe trouue fauſſe en la quatrieſme eſpece de qualité , à ſçauoir , en la forme & figure, pource que cette qualité ne reçoit ny plus ny moins. Pourtant , ſi le cachet eſt rond, il ne s'enſuit pas que la figure qu'il imprime en la cire ſoit moins ronde que le cachet.

7. *La fin poſée , ſont auſſi poſez les moyens ſans leſquels on ne peut paruenir à la fin :* comme ſi vous poſez qu'vn homme , vit , vous poſez auſſi qu'il mange, boit & reſpire. Et la beatitude poſée , eſt auſſi poſée la vertu , & la faueur de Dieu.

8. *Les moyens pour paruenir à la fin eſtans poſez, La fin pour cela n'eſt pas touſiours poſée.* Ainſi cette raiſon n'eſt pas bonne, Philippe a des liures , donc il

eſt ſçauant : il a des cheuaux &
des armes, donc il gaignera la
victoire. Comme auſſi la fin
oſtée, les moyens ne ſont point
touſiours oſtez pour cela : car
pluſieurs ayans en main les
moyens, ne paruiennent point
à la fin.

*9. Pour argumenter on ne ſe ſert
point des cauſes fortuites.*

*10. Oſtez les effects neceſſaires,
vous oſtez auſſi les cauſes.* Ie dis
neceſſaires, pourcequ'il y a des
cauſes qui n'agiſſent pas necef-
ſairement, & qui ne produi-
ſent pas touſiours leurs effects :
comme la maladie, n'apporte
pas touſiours la mort.

*11. Les cauſes ſont plus excellen-
tes que les effects, ſi ce n'eſt quand
ce qui eſt effect eſt auſſi cauſe finale :* c'eſt pourquoy voir & oüir
ſont choſes plus excellentes
que la faculté de voir & ouyr;
car ces facultez ne ſont faictes
que pour ſeruir à ceſt effect, à

Causes,
  Internes,
    Matiere. { Degeneration. / De Composition. / Naturelle.
    Forme. { Artificielle. / Proprement efficiente.
  Externes,
    Efficiente. { Improprement efficiente. { Cause meritoire. / les instrumens.
    Finale. { Naturels. / Artificiels.

sçauoir, à voir & ouyr.

12. Les causes marchent touf-jours deuant les effects en ordre de nature, mais non pas toufiours en temps. Ainſi les rayons du Soleil ſont auſſi anciens que le Soleil, & la flamme n'eſt jamais qu'elle ne produiſe ſa clarté.

Prochaines.
ou
Efloignées.

Toutes ces cau-
ses font.

Caufes par elle mef-
mes ou
Caufes par accident.

Caufes fuffifantes,
ou
infuffifantes.

CHAP. XII.

De l'Etymologie.

L'Etymologie eft la deriuai-
fon du mot.

L'Etymologie eft au regard
du mot, ce que la definition eft
au regard de la chofe, & fert à
argumenter & à difcourir : côme nous difons qu'vn tel n'eft
pas Confeiller, pource qu'il ne
donne point de confeil : Et
que Philippe ne peut eftre apa

pellé Philosophe , puis qu'il
n'aime point la Sapience. Ainsi
par les Etymologies des noms
de Iesus & de Christ, on recueille quelles sont ses charges
& son office. Et on encourage
ceux qui ont quelque nom qui
signifie quelque vertu , en les
incitant à la vertu par l'Etymologie de leur nom : comme
on exhorte Eusebe & Pic à la
pieté, & André à la vaillance ,
& Celestin à s'adonner aux
choses celestes, de peur de de-
mentir leur nom par leur vie.
Ainsi on recueille probablement que toutes choses iadis
estoient communes horsmis la
robbe, pourceque nous disons
desrober. Et que les premieres
guerres ont esté contre les bestes, pourcequ'en Latin *bellum*
vient de *bellua*. Mais ces preuues sont foibles pource que les
noms se donnent aux personnes auant qu'on sçache s'ils se-
G iiij

ront vertueux : & mesmes pluſieurs nousſont donnez à con-
treſens & pour rire. On peut
donner à vn nain le nom de
Goliath par mocquerie.

Les bonnes Etymologies en
la langue Françoiſe ſont tirées
la pluſpart de la langue Lati-
ne ; Mais celles qu'on veut tirer de la langue Françoiſe, ſont
ordinairement abſurdes & ri-
dicules „comme qui diroit, que
nobleſſe eſt ainſi appellée, pource qu'elle nous bleſſe : & la
mort parce qu'elle mort, & la
cheminée, pource que c'eſt le
chemin aux nuées : & vn cha-
peau, pource qu'il eſchappe
l'eau.

Chap. XIII.
Des choſes ſemblables ou diſſemblables.

ON appelle choſes ſembla-
bles celles entre leſquel-
le il y a de l'analogie & cor-

respondance ou proportion.
L'analogie se recognoist par la
fin & vsage ; Ainsi le berger au
troupeau, & le pasteur eu l'E-
glise sont choses semblables.

Il y a des choses differentes
qui sont si semblables, que le
vulgaire les prend pour mesmes choses, & n'y a que les
Philosophes qui les discernent;
comme l'amour & l'amitié, la
continence & la temperance,
le flatteur & le complaisant,
la memoire & la reminiscence :
le cas & la fortune : la haine &
l'enuie : dont les differences
s'apprennent en l'Etique & en
la Physique.

Les similitudes sont plustost
des ornemens d'oraison que des
preuues : comme quand on dit
que tout ainsi que les fentes
d'vn vaisseau se recognoissent
quand on l'emplit de quelque
liqueur, ainsi les vices d'vn esprit se descouurent en y ver-

fant des richeffes & de la prof-
perité. Et que les hypocrites
reffemblent aux moufches à
miel, qui ont le miel à la bouche & l'aiguillon derriere : &
que les auaricieux reffemblent
aux tirelires, dont on ne peut
auoir l'argent qu'apres qu'elles
font caffées. Et les faux amis
reffemblent aux arondelles, qui
fe retirent aux mauuais temps.

Les Metaphores bien prifes
font fimilitudes racourcies à
vn mot: comme paiftre pour
enfeigner: noircir quelqu'vn,
pour en mefdire.

Les fimilitudes ont deux parties: la *propofition* & la *reddition*:
La propofition dict, *Comme les*
arondelles, &c. La reddition dict,
Ainfi les faux amis, &c.

Les exemples fe prennent des
chofes faites & des actions humaines: mais les fimilitudes fe
prennent fouuent des chofes
feintes & de ce qui fe voit en la

nature.

Maximes.

Pour argumenter par les ſemblables, on ſe ſert de cette Maxime, qui eſt vray ſembla-ble: A *choſes ſemblables, conuien-nent choſes ſemblables.*

EXEMPLES D'ANALOGIE.

Analogie entre l'Animal & la Plante.

En l'Animal, En la Plante.
La peau,———L'eſcorce,
Le cœur,———La moëlle.
Les bras,———Les branches.
La bouche,———La racine,
Les excremés,——Les fueilles &
la gomme.
Les veines,———Les fibres.

Analogie entre le corps humain &
vn Estat ou Republique.

EN L'HOMME,   EN VN ESTAT.
La teste, ——— Le prince.
L'œil, ——— Le Conseil du
            Prince.
Les bras, ——— La gēdarmerie
            & les artisans.
Le ventre, ——— Les personnes
            oisiues.
Les ners, ——— L'argent
Les jointures, ——— La concorde
            & bon ordre.

Analogie entre vn bastiment &
le corps humain.

**AV BASTIMENT,   AV CORPS
            HVMAIN.**
La cuisine, ——— Le ventre,
Les coulteaux ——— Les dents.
de la cuisine,
L'estude, ——— Le cerueau.
Les fenestes, ——— Les yeux

Cinq portes, —— Les organes
des cinq sens.
Le maiſtre de —— L'Ame.
la maiſon.
L'Egouſt, —— Les conduits
des excrements.

---

*Analogie entre les indiſpoſitions du
corps & celles de l'Ame.*

AV CORPS, EN L'AME.
L'Aueuglemēt, —— L'Ignorāce.
La ſdouleur, —— La triſteſſe.
L'hydropiſie, —— L'auarice.
La demēgeaiſō, —L'Impatiēce.
L'enfleure, —— L'Orgueil.
Accez de fieure, —— La Cholere.
Le tremblemēt, —— La crainte.
L'air cōtagieux, - Les mauuais
exemples.
Le fard, —— L'Hypocriſie,
Les Coliques, —— Le tourment
de conſcience.
La foibleſſe, —— La puſillani-
mité

CHAP. XIIII.

Des choses opposées.

ON appelle *choses opposées*
deux choses qui ne peu-
uent estre ensemble en mesme
sujet, en mesme temps, & en
mesme respect. Comme vn
homme ne peut estre en mesme
temps blanc & noir, en mesme partie de son corps, & non
comparé à diuerses choses. Car
rien n'empesche qu'il ne soit
blanc & noir en diuerses parties
de son corps, ou en diuers
temps, ou comparé à diuerses
personnes: blanc au prix d'vn
More, & noir au prix d'vn
cygne.

Il y a quatre sortes de choses
opposées. 1. les Relatifs. 2. les
Contraires. 3. les Priuatifs. 4.
les Contredisants.

Des Relatifs a esté parlé en
son lieu.

Les Contraires.

Les contraires sont deux
qualitez ou deux actions, qui
estans sous vn mesme genre
sont les plus esloignées l'vne
de l'autre, & sont incompatibles : Comme le blanc & le noir
ont vn mesme genre, à sçauoir
la couleur : la vertu & le vice
sont especes d'habitudes, qui
estans sous vn mesme genre
sont de nature contraire.

Des Contraires les vns ont
du milieu ou de l'entre-deux,
les autres n'en ont point. Ainsi
il y a quelque chose de moyen
entre le blanc & le noir, à sçauoir le pasle & le brun : Et entre le froid & le chaud il y a le
tiede. Mais entre le nombre pair
& impair, entre la ligne courbe & la droite, il n'y a rien de
troisiesme. Le milieu ordinairement participe des deux ex-

tremitez contraires : Excepté
le milieu entre les actions bonnes & entre les meschantes :
Car le milieu est ce qu'on appelle action indifferente , qui
ne participe ny au bien ny au
mal.

Entre deux vices contraires
la vertu tient le milieu, comme
entre l'auarice & la prodigalité
il y a liberalité & le bon mesna-
ge, entre la temerité & la coüar-
dise il y a la vaillance.

Cette mediocrité ou milieu
participant des deux extremitez, n'est point en la vertu mesme, car elle n'a aucune participation auec les vices : mais
seulement cette mediocrité se
trouue és actions & es choses
esquelles la vertu est occupée,
comme à fuir les perils, à distri-
buer l'argent : Car ces actions
imitent en partie l'auaricieux,
en partie le liberal. Et se trou-
uera souuent qu'à chacun des
deux

deux vices extrefmes, il y a
vertu contraire, comme à la
prodigalité le bon mefnage, à
l'auarice la liberalité. Ainfi la
coüardife & la temerité font
deux extremitez vicieufes. A
la coüardife eft contraire la
vaillance, à la temerité la rete-
muë prudente.

Si deux contraires fe trouuent
eftre fous deux genres prochains differents, comme la
iuftice fous la vertu & l'iniufti-
ce fous le vice, il faut que ces
deux genres foient contraires
entr'eux, & foient efpeces d'vn
mefme gēre. Par ce moyen tous
contraires, s'ils ne font fous vn
mefme genre prochain, font
fous vn mefme genre efloigné.

Souuentesfois les mots defail-
lent pour exprimer l'vn des
contraires. Ainfi nous n'auons
point de mots pour exprimer
l'habitude contraire à la fiè-
vre, ny au catharre, ny à la

H

Phyſique, ny à la Grammaire.

Des Priuatifs.

Les choſes oppoſées priuatiuement ſont *vne qualité, &*
l'abſence & priuation de ceſte
qualité.

Comme la lumiere & les tenebres : la veuë & l'aueugle-
ment.

Il n'y peut auoir de priuation
quand le ſujet n'eſt point capable de la qualité contraire. Ainſi
en vne pierre il n'y a point d'a-
ueuglemét, pource qu'elle n'eſt
point capable de veuë. Meſme
vn enfant au ventre n'eſt point
appellé aueugle, ny vn chien
auant les neuf iours, pource
qu'ils ne ſont pas encore au
temps de pouuoir voir.

Les priuations des Actions
ſont remediables, & ſe peuuent recouurer, comme la
priuation de voir ſe peut recouurer, quand celuy qui dort vient
à ouurir les yeux & à regarder:

mais la priuation de la faculté
de voir eſt irreuocable.

La ſcience & l'ignorance
ſimple & enfantine ou brutale,
ſont oppoſées priuatiuement.
Mais la ſcience & l'ignorance
peruerſe qui s'appuye de rai-
ſons contre la verité, eſt oppoſée à la ſcience comme ſon
contraire, & non comme vne
priuation.

Des contrediſans.

Les contrediſans ſont *eſtre &
n'eſtre point, homme, & non homme, cheual & non cheual*, entre
leſquels il n'y a rien de milieu,
car il n'y a rien qui ne ſoit
homme ou non homme, cheual
ou non cheual.

Vſage.

Pour argumenter & prouuer
quelque choſe, les choſes oppoſées ſont grandement en
vſage. Les maximes d'ont on ſe
ſert ſont telles.

Maximes.

1. *Quiconque pose vn Relatif,
pose l'autre par necessité: quiconque appelle quelqu'vn pere, dit
qu'il a des enfans.*

2. *Vne mesme chose peut estre
deux relatifs, estre pere & fils,
Maistre & seruiteur, droict &
gauche, mais en diuers respects.*

3. *A choses contraires,* Comme
si la douleur est à fuir, le plaisir
est à souhaitter si le vice rend
vn homme miserable, la vertu
le rend heureux. Faut excepter les choses qui conuiennent
au genre des deux contraires:
Car si la noirceur est visible, il
ne s'enfuit pas que la blancheur soit inuisible, pource
qu'estre visible conuient au
genre de la blancheur & noirceur, à sçauoir, à la couleur.
Faut aussi excepter les causes
qui agissent par accident, comme si vn homme blanc bastit sa
maison, il ne s'enfuit pas qu'vn

noir doiue deſbatir la ſienne.
Et ſi la chaleur durcit la terre,
il ne s'enſuiura pas que la gelee
la doiue amolir.

4. *Vne meſme cauſe peut pro-*
duire, effects contraires, quand l'a-
ction de la cauſe dépend de la diſ-
poſition de la matiere contre la-
quelle elle agit. Ainſi le Soleil
donne vne odeur ſoüeſue aux
fleurs, & fait puyr les charongnes : & le feu durcit la terre &
amollit la cire.

5. *Tout ſujett capable de rece-*
uoir vn des contraires eſt capable
de recuoir l'autre. Ainſi ce qui
peut eſtre eſchauffé peut eſtre
refroidi ; & ce qui peut eſtre
endurcy peut eſtre amolly.

6. *Poſé vn des contraires, vous*
renuerſez l'autre. Ainſi celuy
qui n'eſt point libre & ſerf :
Mais en deſtruiſant vn des
contraires, on ne poſe pas l'autre pour cela, ſi ce n'eſt que ce
ſoient contraires ſans milieu :

Comme ſi quelque corps n'eſt
pas blanc , il ne s'enſuit pas
qu'il ſoit noir. Mais és contraires ſans milieu , cette conſequence eſt bonne : Si ceſte ligne n'eſt pas droitte , elle eſt
courbe.

7. De deux biens l'vn petit &
l'autre grand , le contraire du plus
grand bien ſera le plus grand mal.
Comme ce ſont deux biens que
la vertu & la ſanté , ſi la vertu
eſt vn plus grand bien que la
ſanté , le vice ſera vn plus grand
mal que la maladie.

Exception.

Excepté quand des deux biens
l'vn eſt compris dans l'autre :
Comme ſçauoir lire & eſtre
ſçauant en Philoſophie. De ce
que le ſçauoir en Philoſophie
eſt vn plus grand bien , que
ſçauoir lire , il ne s'enſuit pas
que n'eſtre point ſçauant en

Philosophie soit vn plus grand
mal que ne sçauoir lire. Et ce
d'autant que sçauoir lire est
compris dans estre sçauant en
Philosophie.

8. *Les contredisans ne peuuent
subsister ensemble, & faut tousiours que l'vn des deux soit:* il n'y
a rien qui ne soit homme ou
non homme : & est impossible
d'estre l'vn & l'autre en mesme
temps.

Chap. XV.

De la comparaison des choses.

ON compare souuent les
choses en bonté & excel-
lence, & lors la comparaison
se fait par ces reigles ou Maximes.

Maximes.

1. *Vne chose qu'on desire à cause*

d'elle mefme, vaut mieux que ce qu'on ne defire qu'à caufe d'vne autre chofe : Ainfi la vie vaut mieux que l'argent, & la veüe eft plus defirable que les lunettes, & la fanté que la medecine.

2. *Ce qui eft bon à tous, vaut mieux que ce qui ne profite qu'à quelques vns, & qui ne fert que rarement & en certains efgards.* Ainfi la lumiere vaut mieux que les tenebres, & auoir deux bras, vaut mieux qu'eftre manchot. Car les tenebres feruent feulement aux larrons & aux defbauchez, & n'auoir qu'vn bras ne fert qu'aux mendians qui eftallent leur mifere.

3. *Ce qui eft bon de fa nature vaut mieux que ce qui n'eft bon que par accident, ou qui ne fert que pour euiter vn plus grand mal.* Ainfi la fanté vaut mieux que la medecine. Et auoir fes marchandifes au nauire vaut mieux que les jetter en la

mer. Et la prudence vaut mieux
que le hazard.

4. *Vn bien lequel quand on a,
on n'a que faire de l'autre, vaut
mieux que celuy, lequel quand on
a, on a encore besoin de l'autre.*
Ainsi estre aimé de Dieu vaut
mieux qu'estre aimé des hommes : Et sçauoir parfaictement
vne science, vaut mieux que de
l'auoir escrite dans vn Liure.

5. *Des causes finales la derniere
est tousiours la meilleure.* Ainsi la
beatitude vaut mieux que la
vertu, & l'art d'escuyer vaut
mieux que l'art d'esperonnier.

6. *Et les biens stables sont meil-
leurs que les transitoires,* comme
la vertu vaut mieux que l'argent.

Mais en general sans parler
de bonté ny d'excellences, on
peut comparer les choses par
ces Maximes.

Maximes.

1. *Ce qui est tel de sa nature est*

plustel que ce qui ne l'est que par
participation. Ainsi le Soleil est
plus clair qu'vn miroir esclairé
par le Soleil.

2. Ce qui de soy mesme est tel,
est plus tel que ce qui ne l'est que
par accident. Comme l'exercice
& la bonne nourriture est plus
salutaire que se faire couper
vn bras. Et la mort du Fils de
Dieu a esté plus salutaire que
la trahison de Iudas, quoy que
Dieu s'en soit seruy pour nostre bien.

3. Ce qui est plus esloigné de son
contraire est plus tel que ce qui est
moins esloigné. C'est pourquoy
la froidure de Noruegue est
plus grande que celle d'Italie,
pource qu'elle est plus esloi-
gnée du Midy d'où nous vient
la chaleur.

4. Ce qui agit auec plus d'effica-
ce est ordinairement plus tel que
ce qui agit plus foiblement. Comme ce qui nuit plus, est plus

mauuais que ce qui nuit moins:
Et ce qui picque plus, est plus
pointu que ce qui picque
moins. Ceste reigle souffre des
exceptions. L'eau & l'air sont
également humides, & mesmes
Aristote tient que l'air est plus
humide : Toutesfois l'eau
moüille plus que l'air, & la
flamme est autant ou plus
chaude que le fer chaud : Et
toutesfois le fer chaud brusle
d'auantage que la flamme.

C H A P. X V I.

De la comparaison en la probabi-
lité ou vray semblance.

ON compare les choses en
probabilité, quand on
dispute laquelle est la plus
croyable des deux. Ce qui se
fait, quand pour prouuer quelque chose on apporte vne au-

tre chose autant ou plus ou
moins probable que ce dont est
question.

*I. Argumenter par ce qui est
autant proche.*

Cette comparaison se peut
faire en trois façons. Car pour
prouuer ce dont est question,
on peut apporter quelque chose autant probable : Pour
exemple, si le Prince a octroyé
quelque chose à quelque
bourgeois de la ville, vn autre
bourgeois pretendra la mesme
permission luy deuoir estre
octroyée, pource qu'il est
bourgeois aussi bien que luy,
& ne luy est en rien inferieur.
Ainsi la faute pardónée à quelqu'vn en consideration de sa
jeunesse, doit estre aussi par-
donnée à vn autre aussi ieune
que luy. Cela fondé sur cette
Maxime :

Maxime.
De deux choses esgalement pro-

bables ou esgalement equitables,
l'vne posée faict qu'on croit l'autre
aisément.

   11. Argument par ce qui est
       plus probable.

Item, pour prouuer quelque
chose, on peut apporter vne
autre chose plus probable, en
argumentant ainsi : *Si ce qui est*
plus probable n'est point, moins
encore sera ce qui est moins proba-
ble. Pour exemple : si vn pere
ne veut pas que ses enfans
soient richement veslus, moins
encore le souffrira-il en ses
valets. Et si les Apostres n'ont
point esté sans peché, combien
moins nous tous ? On appelle
cela *argumenter du plus probable*
au moins. Et cela fondé sur cette Maxime.

Maximes.

Si ce qui est plus possible & plus
probable n'est point moins encore

ſera ce qui eſt moins probable &
poſſible. La concluſion de tels
argumens doit touſiours eſtre
negatiue.

III. *Argument par ce quē eſt moins probable.*

Finalement on peut prouuer
quelque choſe en apportant
quelque autre choſe moins
probable, en diſant : *Que ſi ce*
qui eſt moins probable & plus
mal aiſé a croire, neantmoins eſt,
ou a eſtd, beaucoup plus faut il
croire ce qui eſt plus probable &
plus aiſé à faire. Ainſi ſi quelqu'vn à l'aage de douze ans a
porté le poids de cent liures, à
plus forte raiſon portera il le
meſme fardeau à l'aage de 20.
ans. Et ſi Alexandre a prins
Tyr, beaucoup plus euſt-il
prins Ieruſalem plus foible
que Tyr, s'il l'euſt aſſiegée.
C'eſt ce qu'on appelle argu-

menter *du moins probable au plus* : Cela fondé sur cette maxime :

Si ce qui est moins probable & moins possible se trouue estre, beaucoup plus sera ce qui est plus probable : & plus possible. La conclusion alors doit tousiours estre affirmatiue.

Faut soigneusement discerner la grandeur de la chose d'auec la grandeur de la probabilité. Car les choses plus grandes sont souuent les moins probables & plus difficile. ; ainsi ce seroit mal argumenter si ie parlois ainsi, *Si les oyseaux peuuent voler : combien plus les tauveaux ? Et si ce fil passe par le pertuis de cette aiguille , combien plus ce cable ? Et si Michel l'Ange peignoit excellemment , combien plus l'Empereur Charles le Quint?*

C H A P. XVII.

Des Tesmoignages.

POur argumenter & prouuer quelque chose on se sert
fort de *tesmoignages.*

Les tesmoignages sont forts
& persuasifs, quand ils sont tels
qu'on n'ose y contredire, à cause de la qualité, auctorité, suffi-
sance, ou multitude des personnes.

Les tesmoignages sont diuins
ou humains.

Les tesmoignages diuins sont
oracles, & tout ce qu'on appelle
parole de Dieu. Item les son-
ges, visions, miracles, soit
vrais, soit faux ; mais qu'on
baille pour vrays. Item les en-
seignemens à bien viure prins
de la nature.

Les tesmoignages humains,
quand

quand il s'agit du droict, sont
les loix humaines les coustu-
mes, le tesmoignage des anciens ou des experts en leur
art, le consentement des peu-
ples. Mais quand on dispute du
fait, on produit des cedulles,
quittances, confessions, tesmoins oculaires, ou qui ayent
ouy dire.

Les tesmoins qui ne disent
pas que la chose n'est point,
mais qui seulement ne disent
pas qu'elle est, n'ont point de
force. Car c'est chose bien dif-
ferente de dire, *Dieu ne dit pas
que cela soit*, & de dire *Dieu a
dit que cela n'est pas*. Le dernier
est vne bonne preuue, mais
l'autre n'a point de consequence ny de suite: Ainsi ceste preuue ne vaut rien *Aristote n'a pas
dit cela: Donc cela n'est point, Ou,
La parole de Dieu ne dit point que
l'homme est vn animal raisonnable: Donc l'homme n'est pas vn*

I

Exception.

Toutesfois s'il y a quelque chose de laquelle nous ne puissions rien connoistre que par le tesmoignage d'vn lieu, alors cette raison est bonne & solide, *Vn tel n'a pas dit cela, donc vous ne pouuez affirmer que cela soit* Pour exemple, si nous n'auions aucune connoissance de la Chine que par la relation d'vn seul, celuy qui en diroit quelque chose outre la relation d'vn tel, sans doute feroit menteur : Ou s'il disoit la verité, ce feroit par hazard, & sans sçauoir luy mesme s'il dit vray. Veu donc que nous ne sçauons rien des choses necessaires à salut que par la parole de Dieu, quiconque affirme és choses du salut quelque chose non contenuë en la parole de Dieu, ne doit estre creu : & affirme ce qu'il ne sçait pas.

Chap. XVIII.

Vsage ou pratique de la Doctrine precedente.

Ette doctrine contenuë és seize chapitres precedens est ce qu'on appelle, la doctrine des Lievx : pour ce qu'elle nous monstre les lieux d'où nous pouuons puiser de la matiere pour argumenter, & qui nous fournissent des preuues. Pour exemple : s'il est question de prouuer que la mort n'est point à craindre à vn homme vertueux, il faudra courir de l'œil ces seize lieux, pour recognoistre ceux qui vous fournissent de la matiere. Pour frayer ce chemin, nous repasserons ces lieux, les accommodans à cét exemple.

Genre de la Mort.

La mort est la fin de la vie de l'homme. Or la fin est à souhaitter quand elle n'est pas seulement le

bout , mais aussi le but auquel il
faut tendre, telle est la mort , à laquelle l'homme sage se doit prepa-
rer tous les iours , & qui est le but
de son esperance.

Difference.

Cette mort se fait par la separa-
tion de l'ame d'auec le corps. Or
il ne faut pas craindre la separa-
tion de deux choses mal iointes &
qui s'incommodēt entr'elles. L'a-
me vse le corps de soucis, comme
quand vn cousteau coupe sa gaine:
Le corps est à l'ame vn fardeau ou
vne prison, Dieu les separe pour
les joindre en meilleur estat.

Especes.

Il y a deux sortes de mort, l'vne
naturelle, qui se fait par vieillesse:
l'autre violente, qui aduient par
maladie, ou quand on est tué. Les
Philosophes disent que la mort par

vieillesse est sans douleur, pource
qu'elle est sans combat & resistence : & qui est celuy qui voudroit
viure apres sa vigueur toute vsée?
La violence aussi n'est à craindre
aux vertueux : Car qu'importe si
ie meurs d'vne fieure ou d'vne espée? Si par vne esmotion d'humeurs
ou par vne esmotion populaire? si
ie rends mon ame par la bouche ou
par la playe, pourueu qu'elle aille
à Dieu?

Propres & accidents de la mort.

Mors sceptra ligoni æquat.

La mort esgale les grands auec les
petits, leue le masque & descouure
les pensées, alors la dissimulation
n'a plus de lieu. Les paroles des
mourans sont serieuses & de grand
poids, leurs prieras sont ardantes,
leur confession humble, leurs remö-
strances à leurs enfans se reçoiuent
auec attention. L'Esprit de Dieu
consola au dedans, les Anges gar-

diens affiſtent, I. Chriſt monſtre
la couronne.

Des choſes accouplés auec la mort.

Si les morts ne ſont point à plain-
dre , pourquoy apprehenderions
nous la mort?
  Cauſes de la mort.
 La cauſe efficiente de la mort eſt
la volonté de Dieu , laquelle il
vaut mieux ſuiure qu'eſtre trainé,
pourquoy reſiſterois-je à la volonté de Dieu laquelle eſt iuſte & ineuitable? Item , la Loy de nature
ſous laquelle nous ſommes, mais eſt
cauſe de la mort. Ne plaidez point
contre voſtre cedule. Voudriez
vous que les loix du monde fuſſent
changees pour vous? La cauſe finale de la mort au regard du monde eſt afin que les vns faſſent place
aux autres? ton pere t'a fait place,
fais place à tes enfans. La cauſe finale de la mort au regard de cha-

que homme vertueux , est la fin de
ses maux, & de ses pechez, & l'ap-
prochement de Dieu. Pour toutes
ces causes de la mort, elle n'est point
à craindre aux vertueux.

Causes pourquoy vne chose
n'est à craindre

Vne chose n'est à craindre, 1.
quand elle est ineuitable, 2. quand
elle ne nuit point, 3. quand elle
est profitable La mort a ces trois
choses: Car elle est ineuitable; comme c'est vne folie d'osperer choses
impossibles; aussi est ce vne folie
de craindre choses ineuitables. 2.
La mort n'est point nuisible pource que Iesus Christ en a osté la ma-
lediction , 3. Elle est profitable, &
son vtilité se recognoist par les effects qui suiuent.

Des effects.

La mort est profitable auant la
I iiij

mort, Car elle rabbat l'orgueil. A
ce Monarque que tu vois triomphant
bien tost des crapaux se formeront
en son test : & des vers en ses en-
trailles. La pensée de la mort retiét
vn homme en crainte & sobrieté,
l'épesche de pecher : sans cela nous
serions indomptables : Elle apporte
vn mespris du monde : Elle fait recognoistre la vanité de nostre trauail : Elle eschaufe la priere : Elle
accroist la foy par la resistence.

Apres la mort, elle nous fait recognoistre à plein ce que nous ne
voyons icy que de loin & obscuré-
ment : Elle nous ioint auec les
saincts , elle nous met auec Iesus-
Christ. Craindre la mort c'est faire
tort à Iesus Chvrst, côme si on estoit
mal auec luy. Elle nous fait voir la
face de Dieu laquelle change en sa
ressemblance ceux qui la voyent :
Elle introduit en vne paix sans
fin, en vn contentement sans inter-
ruption, en vne felicité sans mesure.

Semblables.

Tout ainſi que ſi les enfans naiſ-
fans auoiẽt l'vſage de la raiſon, ils
ne pleureroient point: mais s'eſiouy-
roient de ſortir d'vn lieu infect &
obſcur, pour entrer en la lumiere :
Ainſi ſi nous auions le droict vſage
de raiſon, nous ne nous attriſteriõs
point en la mort, veu que nos ames
ſortent d'vne priſon infecte, eſtroi-
cte, & obſcure, pour entrer en la
lumiere. La mort eſt comme le lyon
de Samſon, duquel il eſt eſcrit, que
de l'amer eſt ſortie la douceur. Ou
comme le ſon malgracieux d'vn
veroüil, quand on ouure vne por-
te : mais qui doit eſtre agreable ſi
c'eſt pour ſortir de priſon. Ou com-
me quãd Ieſus-Chriſt venoit àſes
Diſciples marchant ſur les eaux, ils
diſoient, c'eſt vn phantoſme: Mais
apres l'auoir regardé de prés, nous
diſons auec les Apoſtres, c'eſt le
Seigneur qui vient à nous.

Les oppoſez.

*A la mort eſt oppoſée la vie pre-
ſente, ſi la vie preſente n'eſt point
deſirable, auſſi la mort n'eſt point
à craindre. Là deſſus faudra paſ-
ſer chaque aage de la vie humai-
ne. Item les diuerſes conditions depuis le Prince iuſques au men-
diant, & monſtrer que tout n'eſt
que miſere. Sans conter les maux
& accidents communs à tous.*

Comparaiſon en la bonté.

*Les biens muables & periſſables
ne valent pas les ſtables & eternels. Item, le bien qui ſuffit ſeul,
vaut mieux que le bien lequel
quãd on a, on a encore beſoin d'autres biens Celuy qui a heureuſemẽt
acheué ſa vie, n'a que faire d'argent, d'habits, d'honneurs, de ſanté, de remparts gardes, &c. Mais
celuy qui n'a que la vie preſente, a*

besoin de ces choses, & outre cela
des biens eternels.

Comparaison en la
probabilité.

Argument pris de chose
aussi probable.

Si les Martyrs n'ont point crainct
de mourir és feux, pourquoy train-
drions nous de mourir és maladies
veu que nous auons la mesme esperance.

Argument pris de chose
moins probable.

Si plusieurs payens sont allez à la
mort auec le visage de ceux qui en
retournent, pourquoy irions nous
auec frayeur, nous qui auons vne
meilleure esperance ? Pourquoy
l'ambition aura elle ou plus de force en eux que la foy en nous ? Si vn
Soldat se met à la gueule du ca-
non & monte le premier à la bre-

che pour vne paye de cinq sols par
iour , que deuons nous faire pour
vn Royaume Eternel?

Tesmoignages.

Faudra apporter les passages de
la parole de Dieu, les sentences des
Philosophes , les Exemples de ceux
qui sont morts constamment, d'vn
Regulus , des deux Decies , des
Gymnosophistes , des femmes In-
diennes , des Triballes, des Mar-
tirs, &c.

Bref , par ces seize lieux, comme
par des adresses , nous est fournie
abondance de matiere pour discourir & argumenter. Et par ces ai-
des nous reuient en la memoire tout
ce que nous auons leu, ouy, ou veu ,
qui peut seruir d'amplifier le sujet
proposé. Mais les Maximes adiou-
stées à chaque lieu, seruent à faire
que les raisons soient bien fondées,
& sont lumieres de la raison. Et
nottez que ces lieux fournissent

matiere d'argumenter, tant de la
part de la MORT, qui est le suiet
de cette question, que de la part du
BIEN qui est l'attribut : comme
nous verrons cy apres. Mais les
arguments qui naissent de la part
de l'attribut, sont les plus forts &
les plus persuasifs.

AVTRE EXEMPLE.

Loüange de la Sobrieté.

Especes de Sobrieté.

Nous ne parlons point de la Sobrieté que les Medecins ordonnent
par dietre, ny de celle qui se fait par
necessité, quand on n'a pas dequoy
manger. Ny de celles des Allemans
par une grauité froide és commen-
cemens des repas : ny de celle des
auaricieux qui se pleignent à eux
mesmes les choses necessaires : Ny
de celle qui se fait par abstinence

*scrupuleuse. Mais de celle qui est
une vertu morale.*

Definition.

*Sobrieté est une temperance qui
prescrit la mediocrité au boire &
au manger.*

Le tout & ses parties.

*Nous ne parlons point aussi d'une
sobrieté qui se contienne en certaines viandes & non és autres, au
manger & non au boire, en sa maison & non és compagnies : Car là
sobrieté donne des loix en tous
temps, en tous lieux, en toute sorte
de viande & de breuvage.*

Etymologie.

*Les Grecs ont à bon droit appel-
lé la sobrieté du mot σωφροσύνη
qui signifie garder l'entendement
en son entier, pour ce qu'elle conser-*

ne à l'esprit sa santé & liberté.

Genre.

Ie dis que c'est vne espece de temperance. Or la temperance est la
nourrisse des autres vertus, la gar-
dienne de la santé du corps & de
la clarté de l'esprit : elle empesche
que l'entendement ne soit sujet au
ventre : elle donne loy aux conuoitises bestiales : elle apprend à manger pour viure, & non à viure
pour manger.

Caüses pourquoy la Sobrieté
est loüable.

Les causes pourquoy vne chose
loüable ou desirable , sont , l'hon-
nesteté, le plaisir; & le profit. La sobrieté à ces 3. choses. C'est chose belle & honneste d'auoir en la vieillesse le corps droit , le visage ver-
meil , n'estre point veu yure , ny
grenoüillant en vn cabaret, parmi
des compagnies de gens desbau-
chez, &c.

*C'eſt choſe plaiſante que la gaye-
té & l'affabilité & la paix en ſa
famille: Car l'yurognerie ameine
les querelles. Les voluptez priſes
rarement ſont plus agreables.*

*C'eſt choſe vtile d'auoir le corps
vigoureux, l'eſprit libre, propre à
vaquer aux affaires ciuiles, auoir
bonne memoire, ne diſſiper point
ſon bien, pouruoir à la neceſſité de
ſa famille, meſnager le temps, ne
reueler point ſes ſecrets, à tout cela ſert la ſobrieté.*

Effects.

*Les cauſes pour leſquelles la ſo-
brieté eſt loüable, ſont auſſi effects
de la ſobrieté, pourtant il n'eſt beſoin de les repeter.*

Les choſes oppoſées.

*Faudra depeindre de toutes cou-
leurs un yurogne, ſa parole, ſon ge-
ſte, ſon viſage, ſon eſprit troublé, les
gouttes,*

gouttes qui en arriuent, & les
yeux rouges & chaſſieux, la memoire s'efface, l'entendemẽt s'a-
beſtit, la maigreur qui viẽt
d'excez eſt pire que celle qui
vient de diſette. Adiouſtez la
honte & les reproches, quand
les hommes imputent l'incom-
modité de la vieilleſſe aux excez
de la ieuneſſe, & diſent : C'eſt
bien employé, il n'a pas laiſſé les
vices, mais les vices l'ont laiſſé.
Item le bien de la famille ſe diſ-
ſipe, le temps ſe perd, le corps &
l'eſprit ſe corrompt, ſe font des
querelles en beuuant, & les con-
uoitiſes impudiques ſe reſueil-
lent, l'homme deuient babillard,
deſcouurant tout ce qu'il a de
plus ſecret : C'eſt vn gouffre ſans
fonds, car il eſt aiſé de contenter
la nature, mais la conuoitiſe n'a
point de fin. L'intemperance ou
allume, ou deſcouure toutes ſortes de vices.

K

Cauſes de l'yurognerie & gourmandiſe.

Les mauuaiſes compagnies cauſent les excez. Item l'opinion d'vne fauſſe volupté, car quel plaiſir de boire ſans ſoif? & de ſuſciter vne faim artificielle a-pres qu'on eſt rempli? Item vne fauſſe gloire, qui eſtime qu'il y a de l'honneur à contenir plus de vin qu'vn autre Mais vn tel ne riendra iamais tãt de vin qu'vn tõneau, & pour auoir l'eſtomach plus capable, il ne ſera poiſt eſti-mé homme de grande capacité

Comparaiſon en la probabilité.

Si les beſtes ne s'enyurent point, pourquoy l'homme en s'enyurant ſe mettra-il au deſſous de la beſte? Pourquoy l'inſtinct en la beſte aura il plus de ferce qu'en l'homme la raison ?

Similitudes.

On ne peut estudier prés de la
cuisine: un yurogne ne doit estre
mis en sentinelle. Dieu n'a pas
fait nos corps pour estre comme
des esponges qu'on emplit, &
presse apres les auoir remplies. Le
vin allume les conuoitises comme l'huile versee sur vn brazier.

Tesmoignages.

Adioustez les tesmoignages diuins & humains: Que Dieu a dō-
né à l'hōme de fort lōgs intestins
& fort repliés, afin que la viande
fust long temps à passer, & qu'il
ne fallust pas si tost en remestre.
Que Dieu a mis le cerueau au
loin du vētre qui est la cuisine du
corps. Que les Lacedemoniens
faisoient enyurer vn esclaue & le
monstroiët à leurs enfans, afin de

leur rendre ce vice odieux.

Toutes ceś choſes fourniſſent matiere d'argumenter. De
tous ces argumens ou preuues,
les vnes ſont plus fortes que
les autres. La force & ſolidité
des preuues ſe diſcerne par
le moyen des Maximes que
nous auons adiouſtées à chaque lieu.

TROISIESME LIVRE.
DE L'ENONCIATION.

CHAPITRE PREMIER.

Que c'est qu'Enonciation, &
de ses Parties.

ES lieux ou adresses d'inuention, côtenuës és seize chapitres precedents fourniſſent de la matiere pour baſtir & auoir abondance de preuues & argumens ; reſte de donner la forme à ces preuues ou argumens, & à dreſſer vn argument en sorte qu'il y ait de la force pour prouuer.

Vn argument ou ratiocina-

tion eſt appellé par les **Philo-**
ſophes Sᴠʟʟᴏɢɪsᴍᴇ: qui eſt
vn mot Grec qui ſiguifie vne
reduction de comptes, ou le
recueil d'vn calcul. Car ce
qu'eſt la direction d'vn compte, ou le produit d'vne addi-
tion ou multiplication en A-
rithmetique, cela meſme eſt la
concluſion d'vn Syllogiſme
c'eſt à dire ce qui reſulte & reuient de voſtre preuue.

Tout Syllogiſme eſt compo-
ſé de deux *propoſitions ou enon-*
ciations & d'vne concluſion.

Enŏciation eſt vne oraiſon qui
afferme ou nie quelque choſe.

Toute Enonciation eſt compoſée de deux mots ou moins,
que les Logiciens appellent,
Tᴇʀᴍᴇs: comme qui diroit
les deux bouts ou les deux pieces, Pour exemple.

   Le feu bruſle.
   Dieu eſt bon.

Ces Enonciations ſont composées de deux pieces, dont l'vne est appellée, le *Sujet*, & l'autre, *l'Attribut*, *Le Feu*, est le sujet & *brusler* est l'attribut : Car *brusler* est attribué au *feu Dieu* est le subjet, & ce mot *bon* est l'attribut.

Le Verbe, E s t, n'est pas compté pour partie de l'Enonciation, mais est seulement le lien & l'accouplement de ces deux parties.

Par tout où il y a affirmation ou negation, il y a Enonciation, encore qu'il semble qu'il n'y ait qu'vn mot : Commé quand on dit en Latin, *Curro*, on sous entend, *ego curro*, & en François, *il pleut*, est vn mot vsité & receu par la coustume, qui vaut cette enonciation, *La pluye tombe*, Ainsi, *Il gele*, *il nege*, &c.

Et quand on demande à quelqu'vn, *dormez vous ?* celuy qui respond *non*, fait vne enonciation tacite : Car c'est autant que s'il difoit: *ie ne dors point.*

Pour argumenter il faut que les Enonciations foient pleines & entieres, c'eft à dire , qu'il n'y faille rien fuppléer.

La Grammaire enfeigne que c'eft qu'Indicatif , Imperatif, & Optatif.

Toute verité & tout menfonge s'exprime par l'Indicatif : C'eft pourquoy toute Enoncia- tion doit eftre couchée en l'In- dicatif: Pource qu'il n'y a que ce feul mode par lequel on puiffe affirmer ou nier. Pour- tant les Imperatifs, Optatifs & Subjunctifs n'entrent point en l'Enonciation , & ne feruent point à la Logique, de laquelle le but eft de chercher ou dif- cerner la verité. Or la verité ne s'exprime que par l'Indicatif. Les autres modes font laiffez au Rethoricien & feruent d'or- nement.

Quelquesfois l'vn de ces ter-

mes ou parties de l'Enonciation s'exprime par plusieurs paroles, comme,

*Toutes les lignes tirées du cen-
tre à la circonference du cercle
sont esgales*

*Dieu est exempt de toute infir-
mité.*

Le verbe substantif est celuy
qui fait discerner le subjet d'a-
uec l'attribut , car il est mis
entre deux.

Enonciation & proposition sont
vne mesme chose , sinon qu'on
appelle *Enonciation* quand elle
est hors du *syllogisme*: Et *proposition* quand elle entre en vn
Syllogyíme.

CHAP. II.
Des especes de l'Enonciation.

LEs Enonciatious sont ou
Simples ou *Composées.*

La *simple* qu'on appelle aussi
Cathegorique, est celle qui affirme ou nie simplement & sans

condition, & fans y adiouſter,
vn **Ou**, ou vn **Si**, comme,
>*L'homme eſt raiſonnable.*
>*Le Ciel eſt rond.*
>*L'eau eſt froide.*
>*Dieu n'eſt pas menteur.*
>*Des Enonciations, Vniuerſelles*
>*& particulieres.*

De ces Enonciations les vnes
font *vniuerſelles*, & les autres
particulieres. Les vniuerſelles
font celles qui ont vn **Tovt**,
ou vn **Nvl** adiouſté : comme
>*Tout homme n'eſt pecheur.*
>*Nul homme n'eſt parfaiƈt.*

Les particulieres font celles
qui affirment ou nient non ge-
neralement de tous, mais de
quelqu'vn en particulier : com -
me ,
>*Quelque homme eſt noir.*
>*Quelques Rois n'ont pas eſté*
>*ſages.*
>*Tout cheual n'eſt pas blanc.*
>*Enonciations indeſinies.*

Sous les Enonciations par-

ticulieres font aussi comprises
les Singulieres : comme,

Pierre est fol.

Cest homme en Philosophe.

Les Enonciations qui n'ont
nulle marque par laquelle on
puisse discerner si elles sont
vniuerselles ou particulieres,
s'appellent *indefinies* : Et à la
rigueur doiuent estre prises
pour particulieres. Neantmoins
quand la matiere est necessaire,
elles valent des vniuerselles ,
comme,

L'homme est raisonnable , vaut
autant que ,

Tout homme est raisonnable.

Mais en la matiere contingente & muable , comme :

L'homme est blanc.

Elles ne vallent que des particulieres , & c'est autant que si ie
disois, *Quelque homme est blanc.*

Enonciations affirmatiues
& Negatiues.

Item, les Enonciations sont

Affirmatiues ou *Negatiues*: Affirmatiues comme, *Dieu est bon.*
Negatiues comme, *Dieu n'est
pas menteur.* Par ce moyen il y
a quatre sortes d'Enonciations:
Car ou elles sont *vniuerselles
affirmatiues*, côme, *Tout hôme est
blanc* :Ou *vniuerselles negatiues*,
côme: *Nul homme n'est pas blanc*:
Ou *particulieres affirmatiues*, côme, *Quelqu' homme est blanc*: Ou
particulieres negatiues, comme
Quelque homme n'est pas blanc.

L'vniuersalité ou particula-
rité d'vne enonciation s'appelle
sa quantité. Mais estre affirmatiue ou negatiue, c'est sa qualité.

Des Enonciations modifiees.

Les Enonciations simples sont
quelquefois modifiees par quelques circonstances de *necessité*
ou de *contingence*, de *possibilité*
ou *impossibilité*, comme,

*Il est necessaire que l'homme soit
raisonnable.*

Il aduient qu'il tonne en hyuer.

Il est impossible que l'Ame soit materielle.

Il est impossible qu'il pleuue, ou qu'il ait pleu.

Vne enonciation ainsi modi-fiée ou circonstantiée est ne-gatiue, quand la negation est adioustée à la modification ou circonstance, en disant,

Il n'est pas necessaire que Cesar vainque.

Mais celle-cy.

Il est necessaire que Pompee ne vainque point, est affirmatiue.

Des enonciations composees.

Les Enonciations composees sont, ou *Conditionnelles,* ou Des-jointes.

Enonciations conditionnelles.

Les Conditionnelles sont cel-les qui n'affirment ou ne vient pas simplement : mais auec vn Si en disant :

S'il fait iour le Soleil est leué.

Si Dieu veut, les troubles cesse-ront.

Telles enonciations font cõ-
pofées de deux pieces ; dont la
premiere s'appelle l'*Antecedent*,
& l'autre *le confequent*. Et eſt
poſſible que toutes les deux
ſoient affirmatiues : comme ,

S'il fait iour le Soleil eſt leué.

Quelquefois vne eſt affirmatiue , & l'autre negatiue : comme ,

Si le Soleil n'eſt point leué , il
faict nuict.
Ou Si le Soleil eſt leué, il ne faict
pas nuict.

Ou toutes deux ſont negatiues , comme ,

S'il n'eſt pas animal il n'eſt
point homme.

Enonciations Diſiointes.

Les Enonciations Diſiointes,
ou diſionctiues , ſont celles qui
ſont compofées de pieces op-
pofees , & dont l'vne deſtruit
l'autre : en diſant :

Il eſt iour ou nuict.
Cet homme eſt mort ou vif.

Ces Enonciations ne sont
vrayes, si ce n'est que les deux
parties soient immediatement
contraires ou opposées. Car si
ie disois,

Ce manteau est noir ou blanc,
ie pourrois parler contre la verité : Car ce manteau pourroit
estre gris ou tanné.

Chap. III.
De l'opposition des Enon-
ciations.

Des Enonciations les vnes
sont necessaires, & les autres probables & contingentes.
Selon cette difference les enonciations sont plus ou moins incompatibles entr'elles. Les necessaires sont celles esquelles le
genre est attribué à l'espece,
comme, *l'Homme est animal :*
Ou la difference, comme,
L'homme est raisonnable : Ou le
Propre, comme, *Tout feu est*
chaud. Les cōtingentes sont cel-

les esquelles quelque accident
muable est attribué à vn sujet,
comme , *Le cheual est blanc ,
L'homme est medecin.*

L'opposition des Enoncia-
tions se fait en trois sortes: Car
ou elles sont *Côtraires*, ou *Sous-
cotraires*, ou *contredisantes* : En
toutes lesquelles oppositions il
faut tousiours que de deux E-
nonciations opposees , l'vne
soit affirmatiue, & l'autre negatiue, & que ce soient mesmes
termes.

Les Enonciations *Contraires*
sont, *vniuerselle affirmatiue &
l'vniuerselle negatiue*:comme,
    Tout homme est iuste.
    Nul homme n'est iuste.
Lesquelles sont toutes deux
fausses , pource que la matiere
est contingente. Mais en la matiere necessaire, l'vne est vraye
& l'autre fausse: comme,
    Tout homme est animal.
    Nul homme est animal.
                  Les

Les Enonciations *Soufcon-*
traires font deux particulieres
contenuës fous ées deux vniuerfelles, dont l'vne affirme &
l'autre nie : comme,

Quelque homme eft iufte.
Quelque homme n'eft pas iufte.

En vne matiere neceffaire l'v-
ne eft vraye, l'autre fauffe, Mais
en matiere contingente, elles peuuent toutes deux eftre
vrayes.

Les Enonciatiõs *contredifantes*
font *l'vniuerfelle affirmatiue &*
la particuliere negatiue : ou bien,
l'vniuerfelle negatiue & la par-
ticuliere affirmatiue : comme,

Tout homme eft blanc. &
Quelque homme n'eft pas blanc.
Ou bien,

Nul homme n'eft blanc. &
Quelque homme eft blanc.

De ces deux enonciations il
eft neceffaire que l'vne foit
vraye & l'autre fauffe, en quelque matiere que ce foit.

L

Les *contraires* conuiennent
entre elles en quantité, & repugnent en qualité : Comme aussi
les *soubs-contraires*. Mais les
contradictoires repugnent en l'v-
ne & en l'autre.

Opposition des Enonciations en la matiere necessaire.

VNIV.AF.
Tout hôme *Côtraire.*
est animal.

VNIV.NEG.
Nul hôme
n'est animal.

L'vne vraye, l'autre fausse.

Subordinees. *Contredisantes.* *Contredisantes.* *Subordinees.*

L'vne vraye, & l'autre fausse.

PART.AF.
Quelque
homme
est ani-
mal.

Soufcon-
traires,

PART.NEG.
Quelque
homme
n'est point
animal.

L ij

Oppofition des Enonciations en la matiere contingente.

VNIV. AF.   VNIV. NEG.
Tout hôme Côtraire. Nul hôme
eft blanc.   n'eſt blanc.

Toutes deux fauffes.

Toutes deux vrayes.

PART. AF.   PART. NEG.
Quelque   Soufcon-   Quelque
homme   traires,   homme
eſt blanc.   n'eſt pas
                          blanc.

Deux Enonciations singu-
lieres ne peuuent estre opposees entre elles que contradi-
ctoirement.

Pierre est blanc.

Pierre n'est pas blanc.

Pourtant il faut que l'vne soit
vraye, l'autre fausse.

CHAP. III.
De la conuersion des Enon-
ciations.

COnuertir vne Enoncia-
tion : c'est renuerser en
faisant que le *subiet* deuienne
attribut, & *l'attribut* deuienne
subiet, en gardant neantmoins
la verité : En disant, *Nul homme
n'est cheual*, & puis retourner
cette Enonciation en disant,
Nul cheual n'est homme.

Cette conuersion se fait ou
simplement ou par *accident*.

Conuersion simple.

On appelle *Conuersion simple*,
quand on renuerse vne Enon-

L iij

ciation sans changer sa quantité. C'est ainsi que se peuuent
conuertir les vniuerselles negatiues, comme en l'exemple
cy-deffus posé.

Item, les particulieres affirmatiues comme, *Quelque homme est sçauant*, & *Quelque sçauant est homme.*

Mais les vniuerselles affirmatiues ne se peuuent conuertir
simplement. Car en les renuersant leur verité se perdroit.
Ainsi il est vray que *tout homme
est animal*, mais il n'est pas vray
que *tout animal soit homme.*

Pourtant afin de les pouuoir
côuertir, on leur oste leur quã-
tité vniuerselle, en disant : *Tout
homme est animal*, & puis conuertissant cette Enonciation en
vne particuliere, en disant :
Quelque animal est homme : Excepté quand le subiet est l'espece, & l'attribut le propre ou la
difference : Car alors la propo-

sition se peut conuertir simplement: Pour exēple, *Tout animal*
a sentiment, & tout ce qui a sen-
timent est animal. *Tout corps a*
trois dimensions : *Tout ce qui a*
trois dimensions est vn corps.

Les particulieres negatiues
ne se conuertissent point. Pour
exemple, ceste Enonciation.
Quelque homme n'est pas Philoso-
phe, est vraye: Mais si vous le
renuersiez, elle deuiendroit
fausse, *Quelque Philosophe n'est*
pas homme.

Les vniuerselles affirmatiues
se peuuent conuertir en vniuerselles negatiues composees de
deux negations : Comme,

Tout homme est animal.

Tout ce qui n'est point animal
n'est point homme.

Vne singuliere affirmatiue se
peut conuertir en vne particuliere affirmatiue : Comme, *Ce*
cheual est boiteux : Quelque boi-
teux est cheual.

L iiij

QVATRIESME LIVRE.

DV SYLLOGISME.

CHAPITRE PREMIER.

Que c'est qu'vn Syllogisme.
Item,

Que c'est qu'vne Conclusion, &
vne Question ou Probleme
de ses parties.

LE Syllogisme est vne raison ou argument auquel de deux Enonciations ou propositions accouplees ensemble par certaines loix, on tire & deduit vne conclusion necessaire. Pour exemple, si on ioint ensemble ces deux propositions.

Tout ce qui vit a vne ame.
Toute plante vit.

Conclusion s'ensuiura.

Doncques toute plante a vne ame.

Comme les propositions s'appellent Enonciations deuant qu'elles entrent en vn Syllogisme: Ainsi la conclusion deuant que d'estre prouuée par vn Syllogisme ne s'appelle pas conclusion, mais *Question ou Probleme.*

Or toute question ou conclusion a deux parties, à sçauoir le *Subiet* & l'*Attribut.* Comme en l'exemple cy-dessus posé *Plante* est le subiet, *Auoir vne ame* est l'attribut. Les Philosophes les appellent *les deux termes,* entre lesquels le subiet est appellé *le moindre terme,* & l'attribut *le plus grand terme :*

pource que l'attribut eſt ordinairement plus general que le
ſubiet : Et ce qu'eſt *contenir és*
Mathematiques, cela en Logique eſt *oſtre attribué*.

CHAP. II.
Comment ſe fait vn Syllogiſme,
& de ſes parties.

LE Syllogiſme ſe fait ainſi.
On propoſe vne queſtion
ou Probleme. Pour exemple,
on demande ſi *Philippe eſt ani-*
mal ; Quiconqne voudra prouuer par vn Syllogiſme que *Phi-*
lippe eſt vn animal, il faut qu'il
couppe cette queſtion en deux
pieces : dont l'vne eſt le *ſubiet*, à
ſçauoir *Philippe*, & l'autre *l'at-*
tribut, à ſçauoir *l'animal* : & puis
trouuer quelque choſe de troiſieſme qui ſe puiſſe ioindre &
accommoder auec chacune de
ces deux parties : Pour exemple, le mot *Homme*, lequel ie
ioindray auec *Animal*, & diray,

Tout homme est animal: & puis
ie le ioindray aussi auec *Philip-*
pe, & diray, *Philippe est homme*,
de là suit la conclusion, *Donc*
Philippe est Animal. Ce mot hö-
me s'appelle le Moyen ou le
Lien par l'interuention duquel
ie ioints les deux parties de la
conclusion. Et est de cecy cöme
de deux anneaux que ie ioints
par l'interuention d'vn que ie
mets en deux, en disant:

Si l'anneau A est ioint auec l'anneau B, & l'anneau B auec l'anneau C, il s'enfuit que l'anneau
A est ioint auec l'anneau C.

Cela aussi s'esclaircit par
l'exemple des nombres, en argumentant ainsi. *XII. contient*
VI. & VII. contient III. donc-
ques XII contient III. Car nous
auons dict que ce qu'est és

Mathematiques, *contenir*, cela en Logique est *estre attribué*.

Tout syllogisme donc est composé de trois parties ou termes, à sçauoir du subiet de la conclusion, & du *Moyen* ou *terme metoyen* qui lie les deux pieces de la conclusion.

Est aisé, quand on vous propose vn Syllogisme, de discerner incontinent *le terme metoyen*: pource que c'est tout ce qui n'est point en la conclusion.

Le *moyen* ou *terme metoyen*, estant ioint auec l'attribut de la conclusion, fait la proposition qu'on appelle maieure, pource que l'attribut de la conclusion, qu'on appelle *le plus grand terme*, y est. Le mesme *moyen* estant ioint auec le subiet, fait la proposition qu'on appelle *Mineure*, ou moindre: ainsi appellee à cause que le subiet de la conclusion lequel on appelle moindre terme, y est. Cette mesme proposition moindre s'appelle aussi *assomption* Nous, pour faciliter cette doctrine, appellerons la premiere proposition simplement *proposition*, & la seconde sera l'assomption.

CHAP. III.
Raison naturelle sur laquelle le Syllogisme est fondé.

CEtte structure de Syllogisme est fondee sur deux Maximes naturelles, recognëues par les plus stupides, dont la premiere est, *Tout ce qui contient quelque chose, contient aussi ce qui est contenu en cette chose.*

Laquelle maxime proposée en terme de Logique doit estre ainsi couchée, *Tout ce qui est attribué vniuersellement à quelque chose, doit estre aussi attribué aux choses ausquelles cette chose est attribuée:* comme, Puis qu'estre

animal eſt attribué à tout homme, auſſi doit il eſtre attribué à
Philippe, puis que Philippe eſt
homme. Cette premiere maxime eſt le fondement de tous les
Syllogiſmes qui concluent affirmatiuement.

La ſeconde maxime eſt: *Ce qui
ne conuient aucunement à quelque choſe , & ne luy peut eſtre attribué, ne conuient point auſſi aux
choſes contenües en cette choſe là :*
Comme ſi *eſtre tout-puiſſant* ne
conuient point à *aucune creature,* il ne conuient *aux Anges,* puis
que les Anges ſont creatures.
Cette maxime eſt le fondement
de tous les ſyllogiſmes negatifs,
c'eſt à dire, qui concluent negatiuement.

Chap. IIII.

Des figures du Syllogiſme.

Pource que le Moyen ſe
ioint diuerſement auec les

deux termes de la conclusion ;
selon sa diuerse situation se
font diuerses figures ou façons
de Syllogisme. Ces figures sont
trois.

Premiere figure.

La premiere figure est celle
en laquelle le *moyen* est subiet
en la proposition & attribut en
l'assomption : côme aux exemples cy-dessus proposez, & en
cestuy-cy.

Tout HOMME *est pecheur.*
Paul est HOMME.
Donc *Paul est pecheur.*

Deuxiesme figure.

La seconde figure est quand
le moyen est l'attribut, tant en
la proposition qu'en l'assomption, comme,

Tout oiseau a des plumes.
*Nulle chauue-souris n'a des
plumes.*
Donc *Nulle chauue-souris n'est
oiseau.*

Troisiesme figure.

La troisiesme figure est quand le moyen est subiect tant en la proposition qu'en l'assomption : comme.

L'AME *est immortelle.*
L'AME est creature.
Donc *Quelque creature est im-*
mortelle.

CHAP. V.

Regles generales communes à toutes les figures.

Es Syllogismes qui pechent contre quelqu'vne des regles suiuantes ne concluent rien.

PREMIERE REGLE.

Vn Syllogisme ne doit auoir que trois termes , à sçauoir, *le subiet & l'attribut* de la conclusion, & le *Moyen* : Car où il y a deux *Moyens*, le Syllogisme ne vaut rien. Dont la raison est naturelle : Car si deux bagues sont
jointes

jointes à deux diuers anneaux ,
il ne s'enfuit pas que ces deux
bagues foient ioiotes enfemble.
Ainfi pour recognoiftre fi deux
pieces de terre conuiennent en
grandeur, il ne faut pas deux
mefures diuerfes, mais vne feu-
le. Les deux termes de la conclufion font comme les deux
pieces de terre , le *Moyen* eft
comme la mefure.

Or il y a quatre termes , non
feulement quand il fe trouuè
en vn Syllogifme quatre termes differens en mots : Mais
aufli quand vn mefme mot fe
prend en double fens , & eft E-
quiuoque : Comme ,

Roi d'vne fillable.

Alexandre eft Roi.

Donc *Alexandre n'a qu'vne fil-*
lable.

Roy en la propofition fe
prend pour le mot , l'affomption pour la perfonne . Ainfi fi
ie difois.

M

Tout nombre est accident.

Dix hommes sont vn nombre.

Donc *Dix hommes sont vn acci-*
dent. Ie mettois quatre termes.
Car en la premiere Proposition
le mot de *nombre* se prend pour
le nombre nombrant, & en
l'Assomption pour le nombre
nombré. Ainsi,

La fin est bonne.
La mort est la fin.

Donc *la mort est bonne.*

En la proposition la *fin* se
prend pour le *but* ; & en l'Assomption pour le *bout.*

SECONDE REIGLE.

De deux propositions negatiues on
ne peut rien conclure : comme,

Nul homme n'est beste.
Nul cheual n'est homme.

Dont rien ne s'ensuit. Cela
se recognoist par la seconde
maxime fondamentale posée
au troisiesme, chapitre. Et la

raiſon y eſt claire : Car alors
les concluſions ſont negatiues
quand le *Moyen* conuient à l'vn
des termes de la concluſion &
ne conuient point à l'autre : dôt
on infere que les termes de la
concluſion ne conuiennent pas
enſemble. Il faut donc que le
Moyen conuienne auec l'vn des
termes , qui s'exprime par affirmation.

Faut excepter quand la propoſition a deux negations equi-
pollentes à vne affirmation.

Pour exemple.

*Tout ce qui n'eſt point animal
n'eſt point homme.*

*Vne ſtatuë n'eſt point vn ani-
mal.*

Donc Vne ſtatuë n'eſt point hôme.

Ce Syllogiſme eſt bon : car la
propoſition ayant deux negations, vaut cette affirmatiue,

Tout homme eſt animal.

TROISIESME REGLE.

Si toutes les deux propoſitions

sont particulieres, le syllogisme sera vicieux & sa forme mauuaise,
& ne se pourra rien conclure.

Cela aussi se voit par les deux
maximes fondamentales po-
sées au troisiesme chapitre ; où
ces mots, *Tout ce qui contient*
quelque chose, presupposent vne
proposition vniuerselle.

Exception.

Toutesfois de deux propositions singulieres, on peut tirer
vne conclusion particuliere en
la troisiesme figure : Comme,

Neron estoit ioüeur de flustes,
Neron estoit Empereur.

Donc *Quelque Empereur estoit*
ioüeur de flustes.

Item, *Iudas est damné.*
Iudas a esté Apostre.

Donc *Quelque Apostre est dãné.*

Ou en la deuxiesme figure.

Thersiste est laid.
Cestui-ci n'est pas laid.

Donc *Cestui-ci n'est pas Thersite.*

Dont est aisé à voir que les

propoſitions ſingulieres ſont plus fortes pour argumenter que les particulieres.

QVATRIESME REGLE.

Les concluſions ſuiuent touſiours la pire & la plus foible des propoſitions : C'eſt à dire, que ſi l'vne des propoſitions eſt negatiue, il faut que la concluſion le ſoit auſſi : & ſi l'vne des propoſitiõs eſt particuliere, il faut que la concluſion le ſoit auſſi. Dont s'enſuit, que ſi la propoſition eſt vniuerſelle negatiue, & l'aſſomption particuliere affirmatiue, il faut que la concluſion ſoit particuliere negatiue : Car l'affirmation vaut mieux que la negation. Et la propoſition vniuerſelle vaut mieux que la particuliere, pource qu'elle enſeigne plus de choſes. La raiſon de cette maxime eſt claire : Car vne choſe moindre ne peut pas produire vne choſe plus excellente que ſoy.

CINQVIESME REGLE.

Il ne faut pas qu'il y ait plus en
la conclusion. qu'il n'y a és propos-
tions : Comme,

Tout ce qui est institué de Dieu,
est bon.

Le mariage est institué de Dieu.
Dóc Le mariage est bon à vn vieillard, ou auec vne partie infidelle.

SIXIESNE REGLE.

De vrayes propositions bien accouplées, on ne peut tirer vne fausse
conclusion: Mais de fausses preposi-
tiõs, on ne peut par hazard dedui-
re vne vraye conclusion. Ce qui se
fait quand on veut prouuer vne
verité par vne fausse raison , &
vne vraye conclusion par vn
moyen qui ne conuient à aucun
des deux termes, ou qui ne conuient qu'auec l'vn: Comme qui
prouueroit que *Philippe* est animal, pource qu'il est cheual, ou
qu'vn diamant est vne pierre,
pource qu'il est homme.

Tout homme est pierre.

Tout diamant est homme.
Donc *Tout diamant est pierre.*
La conclusion est vraye, quoy que les deux propositions soient fausses.

CHAP. II.

Regles particulieres à chaque figure, & premierement à la premiere.

EN la premiere figure il faut que la proposition soit vniuerselle, l'assomption affirmatiue: Autrement le syllogisme ne vaut rien. Pour exemple.

Quelque corps est animal.
Toute pierre est corps.
Donc *Quelque pierre est animal.*

Cette conclusion est fausse & ne suit point des propositions: pource que la premiere proposition est particuliere.
Que si i'argumente ainsi.

Tout homme est animal.
Nul cheual n'est homme.

M iiij

Donc N*ul cheual n'eſt animal.*

Ceſte concluſion eſt fauſſe, & n'e ſuit point des propoſi-tions : pource que l'aſſomption eſt negatiue. Ceſte reigle eſt fondee ſur la ſeconde maxime poſée au troiſiefme chapitre, laquelle requiert qu'és ſyllo-giſmes qui concluent negatiue-ment, l'vne des propoſitions ſoit affirmatiue.

Exception.

Excepté ſi la negation faict vne partie du *Moyen* : Comme ſi ie dis,

> *Tout ce qui n'eſt point droiɛ̃*
> *eſt courbe.*
>
> *Ceſte ligne n'eſt point droiɛe.*
> Donc *Ceſte ligne eſt courbe.*

L'euidence de cela paroiſtra ſi vous couchez ainſi l'aſſom-ption.

> *Ceſte ligne eſt vne ligne qui*
> *n'eſt pas droiɛe.*

Car alors l'aſſomption de-uient affirmatiue.

Les prééminences & preroga-
tiues de la premiere figure sont
grandes par dessus les deux autres : Car la seconde figure ne
peut conclure affirmatiuement:
& la troisiesme figure ne peut
conclure vniuersellement: Mais
en la premiere figure on peut
conclure en toutes sortes, &
prouuer toutes sortes de questions vniuerselles affirmatiues : vniuerselles negatiues :
particulieres affirmatiues : &
particulieres negatiues.

Vniuerselles affirmatiues, comme, on peut prouuer que tout
auaricieux est larron ; pource
qu'il detient le bien d'autruy.

Item *vniuerselles negatiues;*
comme on peut prouuer que
nul auaricieux n'est libre, pource qu'il sert à son argent.

On peut aussi prouuer en la
premiere figure vne conclusion
particuliere affirmatiue: comme,
prouuer que quelques poissons

ont des poulmons, pource qu'ils
respirent.

Finalement on peut prouuér
en la premiere figure vne question particuliere negatiue :
comme que Iudas & Saül ne
sont point sauuez, pource qu'ils
ont esté impenitens.

En cecy aussi paroist l'excellence de la premiere figure, en
ce que les autres se reduisent à
celle-cy: car y changeant quelque chose, on les remet à la
premiere figure : comme nous
verrons cy-apres.

Regle de la seconde figure.

EN la seconde figure le
Moyen est l'attribut en l'vne
& en l'autre proposition.

Il faut en cette figure que la pre-
miere proposition soit vniuerselle,
autrement on ne peut rien con-
tre : comme,

Quelque animal à deux pieds,

Nul cheual n'a deux pieds.
Donc *Quelque cheual n'est point*
animal.

La conclusion est fausse & in-
consequente, pource que la
proposition est particulere.

Item, *En la seconde figure il*
faut que l'vne des propositions soit
negatiue, & par consequent la
conclusion : Ainsi cette raison
seroit mauuaise, si ie disois,

Toute poulle a deux pieds.
Vous auez deux pieds.
Donc *Vous estes vne poulle.*

La raison naturelle est claire.
Car il ne s'ensuit pas que si vne
chose est attribuée à deux autres choses, que ces deux choses soient vne mesme chose.
Comme, si estre iaune conuient
au miel, & au fiel, il ne s'ensuit
pas que le miel soit fiel. Mais
bien, s'ensuit-il pour nier en
disant,

Le miel est doux.
Le fiel n'est pas doux.

Donc *Le fel n'eſt pas miel.*

La raiſon naturelle eſt pource que ſi ꝟne choſe conuient à ꝟn des termes de la queſtion, & ne conuient point auec l'autre, il s'enfuit que ces deux termes ne conuiennent point enſemble.

En cette figure quand la propoſition eſt negatiue: il eſt aiſé de conuertir & reduire le Syllogiſme en la premiere figure: Car alors il ne faut que conuertir ſimplement la propoſition: comme,

Nul corps terreſtre ne monte.
Les fumees montent.
Donc *Les fumees ne ſont point corps terreſtres.*

Renuerſez la propoſition en diſant,

Nulle choſe qui monte n'eſt corps terreſtre, & vous aurez la premiere figure.

Mais ſi l'aſſomption eſt negatiue il faudra la mettre ꝟ

la place de la propofition , &
puis conuertir fimplement la
conclufion & l'affomption qui
eft deuenuë propofition : comme en ce Syllogifme ,

Tout homme eft animal.
Nulle ftatuë eft animal.
Donc *nulle ftatuë n'eft homme.*

Renuerfez l'affomption, eu
difant ,
Nul animal n'eft ftatuë
& la mettez en la place de la
propofition , en argumentant
ainfi ,
Nul animal n'eft ftatuë.
Tout homme eft animal.
Dont la conclufion s'enfuit ,
Donc *Nul homme n'eft ftatuë.*
Qui eft la mefme conclufion ,
mais fimplement conuertie.

Reigles de la troefiefme figure.

Reigle particuliere en la
troifiefme figure.

EN la troifiefme figure le
Moyen eft le fubiet en l'vne

& en l'autre propofition.

L'affomption doit eftre affirmati-
ue, comme en la premiere figure.

La conclufion eft toufiours par-
ticuliere, & ne peut eftre vniuer-
felle.

La raifon naturelle eft, pource que fi deux chofes conuiennent, & font attribuées a vne
mefme chofe, il ne s'enfuit pas
que ces deux chofes conuiennent toufiours enfemble : Mais
feulement il s'enfuit qu'elles
conuiennent quelquesfois & en
certains fujets: Comme, fi eftre
clair & eftre *rond* conuiennent
au Soleil, il ne s'enfuit pas que
tout ce qui eft rond foit clair.
Ainfi *eftre raifonnable & auoir*
deux pieds conuiennent al homme, dont ne s'enfuit pas que
tout ce qui a deux pieds foit
raifonnable : mais feulement
que quelque chofe qui a deux
pieds eft raifonnable.

Les Syllogismes de cette figure se reduisent à la premiere en conuertissant l'assomption, comme,

Tout cheual hennit.
Tout cheual a quatre pieds.
Donc *Quelque chose qui a quatre pieds hennit.*

Si vous conuertissez l'assomption en disant,

Quelque chose qui a quatre pieds est cheual.

ce Syllogisme deuiendra de la premiere figure.

Mais si la proposition est particuliere, comme en ce Syllogisme,

Quelque Apostre est damné.
Tout Apostre est enuoyé de Dieu.
Donc *Quelqu'vn enuoyé de Dieu est damné.*

Pour reduire ce Syllogisme à la premiere figure, il faudra conuertir la proposition, & mettre,

Quelque damné est Apostre.

Et puis la mettre en la place de
l'aſſomption, en cette façon.

Tout Apoſtre eſt ennoyé de Dieu.
Quelque damné eſt Apoſtre.
Donc *Quelque damné eſt ennoyé*
    de Dieu.

Qui eſt la meſme concluſion,
mais ſimplement conuertie.

CHAP. VII.

Certains mots artificiels, qui ſerã
uent à monſtrer en combien de
façons on peut argumenter en
chaque figure, & le moyen de
conuertir la deuxieſme & la
troiſieſme figure en la premiere.

POur ſoulager la memoire
les Logiciens ont inuenté
certains mots artificiels, qui
ſeruent à monſtrer en combien
de façons on peut argumenter
en chaque figure. Ces mots
ſont.

Barbara

Barbara, Celarent Darij, Ferio,
Cesare, Camestres, Festino, Baro-
co.
Darapti, Felapton, Disamis,
Datisi, Bocardo, Ferison.

Pour l'intelligence de ces
mots, remarquez que chacun
de ces mots n'a que trois syllabes : Dont la premiere signifie
la proposition : la seconde signifie l'assomption : & la derniere la conclusion.

Remarquez en second lieu,
qu'en tous ces mots il n'y a que
quatre voyelles, A.E.I.O.
A signifie vne proposition vniuerselle affirmatiue.
E signifie vne proposition vniuerselle negatiue.
I signifie vne proposition particuliere affirmatiue.
O signifie vne proposition
particuliere negatiue.
Ses Syllogismes qui se peuuent faire en la premiere figure
sont marquez par ces mots,

Barbara, Celarent, Darij, Ferio.

Le mot *Barbara* veut dire que toutes & quantesfois qu'en la premiere figure les deux propositions seront-A, c'est à dire, vniuerselles affirmatiues, la conclusion aussi sera A, c'est à dire, vniuerselle affirmatiue.

Ainsi le mot *Celarent*, veut dire que toutes & quantesfois qu'en la premiere figure la proposition sera E, c'est à dire, vniuerselle negatiue, & l'assomption A, c'est à dire, vniuerselle affirmatiue, la conclusion sera E, c'est à dire vniuerselle negatiue. Il est le mesme des mots suiuans.

Les Syllogismes de la deuxiesme figure sont marquez par ces mots : *Cesare, Camestres, Festino, Baroco.*

Le mot *Festino* veut dire, que toutes & quantesfois qu'en la deuxiesme figure la proposition sera E, c'est à dire vniuerselle

negatiue : & l'assomption I ,
c'est à dire, particuliere affirmatiue, la conclusion sera O, c'est
à dire particuliere negatiue.
Comme,

FES *Nulle chose composée n'est
eternelle.*

TI *Quelque chose en l'homme
est eternel.*

NO. Donc *Quelque chose en
l'homme n'est point composé.*

Notez qu'en tous ces quatre
mots, tousiours les dernieres
syllabes ont des E, ou des O,
pour monstrer que la conclusion doit tousiours estre néga-
tiue.

Les Syllogismes de la troisiesme figure sont marquez par ces
six mots, *Darapti, Felapton, Disamis, Datisi. Bocardo, Ferijon,* qui
ont le mesme vsage.

Pour exemple, le mot *Felapton* veut dire, que si en la troisiesme figure, la proposition est
E, c'est à dire, vniuerselle ne-

gatiue, & l'affomption A , c'eſt
à dire , vniuerſelle affirmatiue,
la concluſion ſera O , c'eſt a dire, particuliere negatiue. Comme,

>   FE *Nullo chauue-ſouris n'a*
>   *des plumes.*
>   LAP   *Toute chauue ſouris*
>   *volle.*
>   TON   *Donc quelque choſe*
>   *qui volle n'a point de plumes.*

Notez qu'en tous ces ſix mots,
touſiours les dernieres ſyllabes
ont de l, ou des O, pour monſtrer qu'en la troiſieſme figure
la concluſion doit touſiours
eſtre particuliere.

Les conſones de ces meſmes
mots ne ſont point inutiles.
Car elles ſeruent d'adreſſe pour
cognoiſtre comment les Syllogiſmes de la deuxieſme &
troiſieſme figure ſe doiuent
reduire à la premiere. A cela
ſert la premiere lettre capita-
le, car Ceſare & Cameſtres ſe

reduifent à Celarent : Darapti,
Difamis, Datifi fe reduifent à
Darij: Feftino, Felapton, Feri-
fon, fe reduifent à Ferio.

Baroco & Bocardo ne fe peuuent reduire, pour ce qu'il y a
vne des propofitions qui eft
particuliere negatiue, laquelle
n'entre point en la premiere figure.

S, fignifie que la propofition marquée d'vne S, fe doit
conuertir fimplement, comme
en Cefare & Datifi.

P, fignifie que la propofition fe doit conuertir par accident: c'eft à dire que l'vniuerfelle affirmatiue fe doit conuertir en particuliere affirmatiue: comme en Darapti &
Felapton.

M, fignifie que les propofitions fe doiuent tranfpofer &
doiuent changer de place :
comme en Cameftres & Di-

ſamis dont nous auons produit
des exemples.

CHAP. VIII.

De l'Enthymeme.

ENthymeme n'eſt autre choſe qu'vn Syllogiſme dont
on cache l'vne des propoſitions, ou pour abbreger, ou
pour tromper. Pour abreger,
comme,

 Dieu ne peche point.
Donc *Dieu n'eſt point menteur.*
Ou, *Nulle choſe qui corrompt les*
 hommes ne peut eſtre le ſouue-
 rain bien.
Donc *La Volupté n'eſt pas le ſou-*
 uerain bien.
Pour tromper, Comme,
Ceſte republique eſt la grande.
Donc *Elle eſt la meilleure.*
Ou, *Tout ce qui apporte des trou-*
 bles en l'Eſtat doit eſtre banni.

Donc l'Euangile doit estre banni.

En ces Syllogismes imparfaits on supprime finement vne des propositions., laquelle est la plus odieuse, & où est la fausseté, à sçauoir: *Toute Republique qui est la plus grande est la meilleure.* Item celle-ci, *L'Euangile apporte des troubles en l'Estat.*

Quelquefois pour rendre l'oraison plus coulante, on met la conclusion la premiere: Comme,

L'Estat Oligarchique est le pire de tous,
Puis qu'il est le plus subiet à guerre ciuile.

Les Rhetoriciens appellent Enthymemes des preuues fondées sur signes probables: comme,

Milon a tué Clodius:
Car il le haïssoit auparauant.
Ou, *Cet homme est sçauant,*
Car il est passe & a force liures.

Lefquelles preuues n'ont point
de force , s'il n'y en a grand
nombre : Car les fignes & con-
iectures qui feules n'ont point
de forces , deuiennent fortes ,
quand il y en a grand nombre
qui fe rencontre.

Chap, IX.
De l'Induction & de l'Exemple.

L'Induction eft vn Syllogifme auquel plufieurs finguliers ou particuliers feruent de
Moyen , pour prouuer vne
conclufion vniuerfelle : Comme , fi ie prouue que tous animaux ont l'attouchement ,
pource que les oyfeaux , les
poiffons, les ferpents, les beftes
terreftres & amphibies ont l'attouchement.

Ou ainfi : le Cerf, le Daim, le
Lievre, le Connil, la Souris ont
le cœur grand pour la proportion de leur corps.

Or les animaux craintifs ,

font le Cerf, le Daim, &c. Donc
tout animal craintif a le cœur
gros pour la proportion de fon
corps.

Par cette voye ont esté trou-
uées les fciences. Pour exemple, le Medecin ayant recognu par l'experience de plufieurs plantes de Mercuriale ou
de Parietaire qu'elles font la-
xatiues, en ont fait vne reigle
generale, que toute Mercuriale
ou Parietaire eft laxatiue Ainfi
on a recognu les caufes des ec-
clipfes, des apoplexies, des ma-
rees plus grandes que l'ordinai-
re autour des Equinoxes, par
plufieurs obferuations fingulieres.

De l'Exemple.

Vn *Exemple* eft vne Induction
imparfaite : car au lieu de plufieurs particuliers on n'en met
qu'vn.

Les Exemples és caufes naturelles ont plus de force qu'és

actions ciuiles & volontaires :
pource que les euenemens naturels sont beaucoup plus con-
formes les vns aux autres, que
les actions ciuiles & volontaires, lesquelles sont subiettes à
infinies rencontres & aduersi-
tez. Comme ie dis, *Hier le Ciel
estant rouge au soir, le lendemain
il a fait beau.* Cet exemple là a
de la probabilité, pour prouuer
que puis qu'auiourd'huy le
ciel est rouge au soir, demain il
sera beau. Mais si ie dis, *Philippe fouyssant en son jardin a
trouué vn pot d'escus.* Il ne s'ensuit pas qu'Alexandre fouïssant
doiue auoir la mesme rencontre.

Ce neantmoins les Orateurs
s'estendent fort sur tels exemples, & par les maux aduenus à
quelqu'vn par l'yurongnerie,
ou par le mensonge, ou par la
cholere, exhortent à fuyr les
mesmes vices.

CHAP. X.

Du Denombrement des parties.

LE Denombrement des parties est aussi vne espece de Syllogisme, qui sert à conclure tant affirmatiuement que negatiuement.

Pour conclure affirmatiuement, on fait vn denombrement de toutes les parties : afin qu'apres auoir osté toutes les parties, horsmis vne, ceste vne qui reste soit posee ou affirmee, Comme ,

Tout le bien qu'vn homme possede, il l'a ou par succession, ou par achapt, ou par eschange, ou par donation, ou par son trauail, ou par le ieu, ou pour l'auoir trouué, ou pour l'auoir dérobé. Or le bié que vous auez, vous ne l'auez

point par succession, ny par achaps,
ny par eschange, ny par donation,
ny par jeu, ny pour l'auoir trouué.
Donc *vous l'auez dérobé.*

Mais si la conclusion est ne-
gat.ue, on oste toutes les parties, Comme, *Tout François est
ou Normand, ou Picard, ou Champenois,* &c. Or *les Lorrains ne
sont ny Normands, ny Picards, ny
Champenois,* &c.
Donc, *Ils ne sont point François.*

Faut prendre garde que le denombrement ne soit point imparfait, comme si ie disois, *Tous
homme est masle ou femelle* Ou,
*Toute action est bonne ou mauuai-
se:* Car il y a des Hermaphro-
dites, & des actions indifferen-
tes. Ainsi si ie disois, *Toute qualité est ou faculté naturelle, ou habitude, ou qualité actiue is obiects
des sens,* ce denombrement seroit imparfait, car il y a outre
cela *les formes & figures.*

CHAP. XI.

Du Dilemme.

Dilemme est vn argument fourchu ou cornu, auquel on donne à l'aduersaire le choix de deux choses, pour luy monstrer que laquelle des deux qu'il choisisse, en l'vne & en l'autre il est vaincu. Comme, pour prouuer qu'il ne faut iamais se marier, on argumente ainsi : *Si tu te maries, ta femme sera belle ou laide : Si belle, tu en seras jaloux. Si laide tu en seras degousté.*

Donc Il ne se faut point marier. Ou, *Ne sois point Aduocat Car si tu defends l'iniustice, tu desplais as à Dieu, si tu defends la iustice, tu desplairas aux hõmes* Iesus-Chr. en faisoit vn, lors qu'il fut frappé en la joüe, *Si i'ay mal*

dit, monſtre en quoy : ſi i'ay bien
dit, pourquoy me frappes-tu ? Ainſi on diſpute contre celuy qui
a ſongé qu'il ne faut point
croire aux ſonges, ou qui a iuré
qu'il ſe pariurera. *Si tu te pariu-*
res, tu ſeras pariures & deſloyal : Si
tu ne te pariures point, tu ſeras
auſſi pariure, puis que tu as iuré
que tu te pariureras.

Carneades auoit donné vingt
eſcus à ſon Maiſtre Diogenes
pour luy enſeigner la Logique.
Vn iour diſputant contre ſon
Maiſtre, ſelon les regles qu'il
auoit appriſes, ſon Maiſtre luy
dit qu'il diſputoit mal. Lors
ſon Diſciple luy fit ce Dilemme : *Ie diſpute ou bien ou mal : Si*
ie diſpute bien, pourquoy me re-
prenez-vous : ſi ie diſpute mal,
rendez-moy mes vingt eſcus.
Telle eſtoit la diſpute entre
Protagoras & ſon Diſciple
Euathlus, dont l'Exemple eſt
aſſez cogneu, & le recit ſeroit

long. *Voyez Aulus Gellius au 5. liure ch. 10.*

CHAP. XII.

Du Sorite ou Entasseur.

SOrite est vne façon d'argument qui enchaine grand nombre de propositions, pour monstrer que le subiect de la premiere conuient auec l'attribut de la derniere, Comme,

Tout ce qui agit se meut.
Tout ce qui meut est muable.
Tout ce qui est muable est cor-
  ruptible.
Tout ce qui est corruptible n'est
  point Dieu.

Dont on infere, *que si Dieu agit, il n'est pas Dieu.*

Autant qu'il y a de propositions, ce sont autant de Syllogismes, qui ont *Dieu* pour suiet de la conclusion.

CHAP. XIII.

Des Syllogismes Conditionnels, ou hypothetiques.

NOus auons dit que des Enonciations, les vnes sont simples, les autres sont composées : & que des Enonciations composées, les vnes sont conditionnelles, ou hypothetiques; les autres disionctiues.

Tous les Syllogismes dont nous auons traicté iusques icy, ont les propositions simples. Maintenant nous traicterons des Syllogismes conditionnels & disionctifs, desquels la proposition est conditiondelle ou disionctiue.

On appelle, *Syllogisme Conditionnel*, celuy dont la proposition est auec vn S. 1. Comme,

S'il

S'il y a vn Dieu, il le faut seruir.
Or il y a vn Dieu.
Donc, *Il le faut seruir.*

La proposition a deux parties, dont la premiere s'appelle l'*antecedent s'il y a vn Dieu*: & la deuxiesme le *consequent, Il faut le seruir.*

Deux maximes seruent à regler ces Syllogismes.

I. Maxime.

La premiere est : *En posant ou establissant l'antecedent, on pose aussi ou establit le consequent :* Comme,

Si Paul est homme, il est animal.
Or Paul est homme.
Donc, *Il est animal.*

Mais on ne peut point par le renuersement de l'antecedent renuerser le consequent comme,

Si vne mousche est vn oiseau, elle est vn animal.
Or la mousche n'est point vn oiseau.

O

Donc *Elle n'est point animal.*

II. Maxime.

La seconde maxime est : *En renuersant le consequent, on renuerse l'antecedent,* Comme.

Si vne statuë est homme, elle est animal.

Or vne statuë n'est point animal.
Donc *Elle n'est point homme.*

Si l'antecedent est l'espece, & le consequent est la difference, ou le propre : alors on peut renuerser l'antecedent pour renuerser le consequent : comme.

Si vne statuë est vn cheual, elle hennit.

Or elle n'est point cheual.
Donc *Elle ne hennit.*

Mais ces conclusions suiuent par hazard, & non en vertu du Syllogisme.

En ces Syllogismes l'assomption fait partie de la proposition, laquelle proposition fait vn Syllogisme entier. Et y a apparence que le mot d'assom-

ption est venu de ces Syllogif-
mes : pource qu'en iceux la seconde proposition est prise &
tirée de la premiere.

C H A P. XIV.

Des Syllogismes Disionctifs.

LEs Syllogismes sont appel-
les *Disionctifs*, desquels la
proposition est composee de
deux pieces ou parties disioin-
ctes ou separees par cette parti-
cule O v : comme, *Il est iour
ou nuict. Ce nombre est pair ou
impair.*

En argumentant ainsi.
   Cét homme est mort ou vif.
   Or il est mort ,
Donc *Il n'est pas vif.*
   Ou bien ainsi.
   Or il est vif.
Donc *Il n'est pas mort.*
   Ou bien ainsi.
   Or il n'est pas vif.
Donc *Il est mort.*

O ij

Car ces propositions sont composées de parties, dont on ne
peut establir l'vne sans renuerser l'autre, ny renuerser l'vne
sans establir l'autre. Pour ce
faire, il faut que ces deux parties soient opposées immediatement, & qu'il n'y ait rien de
troisiesme. Pour exemple, cét
argument n'est pas bon.

Il est paix ou guerre.
Or il n'est pas guerre.
Donc *Il est paix.*

Car il peut estre trefue.

En ces Syllogismes, afin que
la verité soit éuidente, & l'oraison coulante, il faut que les
deux parties de la proposition
ne soient point côtradictoires,
ains qu'elles soient contraires,
ou priuatiues, ou relatiues.
Pour exemple si i'argumente
ainsi,

Ceste ligne est droite ou courbe.
Or elle est droite.
Donc *Elle n'est pas courbe.*

Car cêt argument est clair &
certain.

Mais si i'argumentois ainsi.
Philippes est sage, ou non sage.
Or il est non sage.
De là on ne peut tirer aucu-
ne conclusion qui ait apparen-
ce de raison.

CINQVIESME LIVRE.

Du chef-d'œuure, de la Logique, qu'on appelle

DEMONSTRATION.

CHAPITRE PREMIER.

Que c'est que Science.

E mot de *Science* se prend quelques fois pour vn corps de Discipline entier. Ainsi l'Ethique, la Physique, la Metaphysique, la Iurisprudence sont sciences. Quelquesfois aussi le mot de *Science*, signifie

la cognoissance d'vne conclusion seulement , laquelle se
prouue par Demonstration , &
c'est de celle-là dont nous parlons en ce lieu , & la definissons
ainsi.

Definition de Science.

Science est vne certaine cognoissance d'vne chose certaine : dont nous auons la preuue
par sa cause.

Pour auoir la science d'vne
chose , deux certitudes sont re-
quises. Car il faut premieremēt
que la chose soit certaine d'elle-mesme & immuable. L'autre , que la persuasion qu'on en
a soit ferme & claire. Si quelqu'vne de ces deux certitudes
manque , ce n'est plus science
mais opinion. Car il est possible que quelqu'vn ait vne opinion douteuse d'vne chose certaine , comme celuy qui doute ,
s'il y a vn Dieu.

Et au contraire, il est possible

O iiij

d'auoir vne perfuafion ferme &
affeurée d'vne chofe incertaine
ou fauffe:comme ceux qui fouf-
frent la mort pour la defenfe
d'vne fauffe Religion.

Sur cela eft bon de fçauoir la
difference qu'il y a entre *Science, Foy, & Opinion. La Science* eft
vne cognoiffance certaine d'v-
ne chofe par fa caufe prochaine. *L'Opinion* eft vne cognoiffance douteufe ou fauffe. *Foy*
eft vne ferme perfuafion fondée
fur le tefmoignage d'autruy.

Que fi quelqu'vn cognoift
quelque chofe pource qu'il la
void ou touche, cela ne s'appelle ny fcience, ny opinion,
ny foy : mais *fens* ou *fentimens*,
lequel necognoift que les chofes fingulieres : mais la fcience
eft des chofes vniuerfelles.

Chap. II.

Que s'est qu'une Demonstration, ou Syllogisme demonstratif.

LE Syllogisme demonstratif est celuy qui donne ou apporte science de la conclusion. Pour le definir plus exactement, nous le definissons ainsi. *Le Syllogisme demonstratif est celuy qui preuue que l'attribue de la conclusion conuient au sujet & par vn moyen qui soit cause prochaine efficiente ou finale de l'attribut de la conclusion.*

Ces deux sortes de causes ont esté appellées *externes*, au chap, des Causes: pource qu'elles ne sont point parties de l'effect, ny du composé, encore que quelquefois la cause efficiente soit dans le mesme sujet: comme l'ame de l'homme est cause du sentiment de l'hom-

me : Et l'eſpaiſſeur de l'or cauſe
de la peſanteur de l'or. En ces
exemples la cauſe efficiente &
l'effet ſont en vn meſme ſubjet.

Chap. III.

Quelles queſtion ſont de-
monſtrables.

Es queſtions eſquelles l'attribut eſt vne ſubſtance, ne
peuuent eſtre prouuées par De-
monſtration : pource que les
ſubſtances n'ont point de cauſe efficiente certaine qu'il leur
ſoit propre. Car la volonté de
Dieu eſt vne cauſe vniuerſelle,
comme à toutes choſes, &
qui par coſequent ne peut ſeruir de Moyen au Syllogiſme
Demonſtratif.

Item, les queſtions, ou concluſions, eſquelles l'attribut eſt

vn accident muable ou cafuel,
ne peuuent eftre prouuées par
Demonftration, pource que ces
accidents n'ont point de caufe
certaine & affeurée : comme,
Philippe eft malade : Bucephale eft
boiteux.

Mais les queftions font de-
monftrables, defquelles l'attribut eft vn accident propre &
immuable, dont on peut donner la caufe prochaine efficiente ou finale. Pour exemple, ces queftions peuuent eftre
prouuées par Demonftration.

Le corps diaphane eft fans cou-
leur.

Les chaftrez ne deuiennent ia-
mais chauues.

Les eftoilles fixes brillent.

La Lune fouffre obfcurciffement.

L'Oligarchie eft la plus fubjete
à guerre ciuile.

Les lignes paralelles ne fe ren-
contrent iamais.

Tous corps compofé d'Elemens

est corruptible.
Sous la Zone torride il fait fort
chaud.

Car on peut donner la cause
efficiente ou finale prochaine
de l'attribut de ces questions.

CHAP. III.

Quelles doiuent estre les proposi-
tions du Syllogisme De-
monstratif.

LA Demonstration doit e-
stre composée de proposi-
tions necessaires; entre lesquelles celles-là sont les plus necessaires, qu'on appelle *immediates*.

Il y a deux sortes de propositions immediates, c'est à dire
sans milieu. Car quelques vnes
sont immediates à l'esgard du
sujet: les autres sont immediates à l'esgard de la cause.

On appelle propositions immediates à l'esgard du sub-

jet, quand l'attribut conuient prochainement, & immediatement au fuiet, & n'eſt pas poſſible de donner vn autre fujet plus proche. En telles propoſitions l'attribut conuient au ſubjet, en tant que le ſubject eſt tel. Pour exemple, ſi ie dis *que le cheual a ſentiment*: cét attribut ne conuient point prochainement & immediatement au cheual : car il y a vn autre ſubject plus proche à ſçauoir l'animal, auquel le ſentiment conuient. Mais ſi ie dis que *le cheual hennit* : cela conuient prochainement & immediatement au cheual, & en tant qu'il eſt au cheual, & non à cauſe de quelque autre ſujet plus proche.

On appelle propoſition immediate à l'eſgard de la cauſe, quand vn attribut eſt joint ſi eſtroittement au ſubjet, qu'on en peut en donner la cauſe ny

la raiſon pourquoy. Pour
exemple , voicy vne Demon-
ſtration.

*Tout ce qui a ame ſenſitiue a
attouchement.*

Tout animal a ame ſenſitiue.
Donc *Tout animal a attouchement.*

En ce Syllogiſme la concluſion eſt immediate à l'eſgard
du ſubjet, mais non pas à l'eſgard de la cauſe. Car le MOYEN
de ce Syllogiſme eſt cauſe de
la concluſion. Mais les deux
propoſitions ſont immediates,
tant à l'eſgard de la cauſe, qu'à
l'eſgard du ſubjet : car on ne
peut apporter aucune choſe qui
ſoit cauſe de leur verité.

Quelquesfois les cauſes efficientes & finales ſont enchai-
nées d'vne longue ſuite ; comme,

*Ceux qui ſont ſous l'Equateur
ont l'air fort chaud pource
qu'ils ont l'air fort ſubtil : Ils*

ont l'air fort subtil, pource que
le Soleil le dißipe fort: Le Soleil
dißipe fort leur air, pource que
ses rayons tombent à angles
droi_s_ : Ces rayons tombent à
angles droi_s_, pource qu'ils ont
le Soleil pour Zenith.
Ainsi en la cause finale :
Les poulmons attirent l'air pour
rafraichir la chaleur du cœur: La
chaleur du cœur se rafraichit pour
garder la temperance: La temperature se garde pour conserver la
vie. Autant de causes, autant
de Demonstrations. Mais la derniere, & où la souueraine &
derniere cause sert de M O Y E N,
est la plus noble, pource qu'elle ne se peut plus demoustrer :
& les deux propositions en sont
immediates en toutes sortes.

CHAP. V.

*Principale preuue pour recognoi-
stre vne parfaite Demon-
stration.*

ENtre les preuues de la parfaite Demonstration celle-
cy est la plus claire, quand elle
se peut conuertir ou reduire en
definition. Car nous auons dit
*au 3. liure, au chap. de la defini-
tion* que la definition de l'accident propre est composee de
trois pieces, à sçauoir, *du genre
de la chose definie, & de son subjet
propre, & de sa cause,* Comme,
la definition de la mort est la
destruction de l'animal, par
l'extinction de la chaleur vitale. De cette definition on peut
faire vne Demonstration, en
faisant que le sujet de cét accident soit le *subjet* de la conclusion, & le genre soit l'*attribut*,
& la cause le *moyen*, disant.

Toutes

*Toutes & quantefois que la
chaleur vitale s'esteint, la vie
se destruit.*

*Or en l'animal la chaleur vi-
tale s'esteint.*

Donc En l'animal la vie se destruit.

Il est le mesme de ces defini-
tions, *Le sommeil est l'assoupis-
sement de l'animal, par la cessa-
tion du sens commun Le tonnerre
est vn son en l'a nuë, par l'eruption
du feu.*

Chap. VI.
De la Demonstration
imparfaite.

NOus auons dit que la parfaite Demonstration est
celle qui prouue, par la prochaine cause efficiente ou finale de l'attribut, que l'attribut
des la conclusion conuient au
subjet.

Par le manquement de quel-
qu'vne de ces perfections, se fait

P

vne moindre & moins parfaite
demonstration.

Si le *Moyen* n'est pas cause
prochaine de l'attribut ; mais
cause esloignee , alors se fait
vne moindre Demonstration
& imparfaite. Et telles Demonstrations le plus souuent
concluent negatiuement.

Pour exemple,
Où il n'y a point de contrarieté de
qualitez, on ne meurt point.
Au ciel il n'y a point de contra-
rieté de qualitez.
Donc *Au ciel on ne meurt point.*
Ou, *Quiconque est froid de tempe-*
rament ne devient point chaud.
Les chastrez sont de froid tempe-
rament.
Donc *Les chastrez ne deviennent*
point chauds.

De ces Demonstrations les
propositions ne sont point immediates. Car le MOYEN n'est
pas la cause prochaine de l'attribut. N'auoir point de quali-

rez contraires n'eſt pas cauſe
eſloignee : Car la cauſe prochaine de ne mourir point en
vn corps humain , eſt la con-
ſeruation perpetuelle des humeurs en eſgale temperature;
& de cela la cauſe eſt n'auoir
point de contrarieté ny de combat entre les qualitez elemen-
taires du corps.

Ainſi la prochaine cauſe pourquoy les chaſtrez ne deuiénent
point chauues, eſt pource que
l'humeur radicale des cheueux
ne ſe conſume point Et la cauſe eſloignee, eſt pource qu'ils
ont moins de chaleur.

De ces Demonſtrations les
propoſitiós ne ſont pas immediates: car le moyen n'eſt pas la
cauſe prochaine de l'attribut.

Que ſi les propoſitions ſont
immediates , mais le moyen
n'eſt pas la cauſe, ains l'effect
de l'attribut ; alors ce ſera vne
Demóſtration moins parfaite,

P ij

par la caufe, mais la caufe par
l'effet. Cefte Demonftration
ne prouue point pourquoy la
conclufion eft, mais feulement
qu'elle eft : comme,

 Ceux qui ayment Dieu font ay-
  mez de Dieu.

 Or tous ceux qui ont la foy en
  Iefus Chrift ayment Dieu.

Donc Tous ceux qui ont la foy
  en Iefus Chrift font aymez
  de Dieu.

Le MOYEN eft *aymer Dieu*, ce
qui n'eft pas *caufe*, mais *effet*
de l'amour que Dieu nous por-
te, lequel *amour* eft l'attribut de
la conclufion en cette Demonftration, dont la caufe eft
prouuée par l'effet, au lieu
qu'en la Demonftration parfaite on prouue les effets par
leurs caufes. Pourtant cette Demonftration imparfaite prouue
feulement que la chofe eft, mais
ne montre pas pourquoi elle eft.
L'effet peut bien eftre caufe de

cognoiſtre, mais non pas cauſe
d'eſtre Comme la fumée qu'on
void ſortir d'vne cheminée, peut
bien eſtre cauſe de cognoiſtre
qu'il y a du feu en la maiſon ,
mais n'eſt pas cauſe du feu, ains
ſeulement effet. Et le battement
ineſgal du poux, n'eſt pas cauſe de la fievre, mais cauſe de cognoiſtre qu'on a la fievre.

P iij

SIXIESME LIVRE.

DES SOPHISMES
OV
FALLACES.

CHAPITRE PREMIER.

Des fallaces ès mots.

OVTRE les Fallaces ou Sophistiqueries en difpute, fe font ou és mots, ou en la chofe.

Les fallaces és mots font de fix fortes, qui font,

1. L'Equiuocation. 2. l'Amphibologie. 3. La fraude en la compofition. 4. La fraude en la diuifion. 5. La fraude en l'ac-

cent on prononciation. 6. La
fraude en la figure du mot.

Equiuocation.

I. On trompe par Equiuocation, quand le *Moyen* est vn mot
ambigu, & qui se prend en autre
sens en la proposition qu'en
l'assomption, comme,

*Tout ce qui n'a ne commencement
ne fin n'est point creé de Dieu.*

*La rondeur du ciel n'a ne com-
mencement ne fin.*

Donc *La rondeur du ciel n'est pas
creée de Dieu.*

En la proposition il est parlé
du commencement & fin en la
durée, mais en l'assomption il
est parlé du commencement &
fin de la figure, Ou ainsi:

*Celuy qui dit que tu vis, dit
vray.*

*Celuy qui dit que tu és vn oison
dit que tu vis.*

Donc *Celuy qui dit que tu és vn
oison dit vray.*

En la proposition il est parlé de

dire *par exprez*, mais en l'assomption de dire *par consequence*.

Ainsi vn homme de grande
capacité se peut prendre pour
vn homme fort sçauant, &
quelquesfois aussi pour celuy
dont l'estomach contient beaucoup de vin.

La mesme fallace se commet,
quand vn mesme mot est pris
autrement és propositions
qu'en la conclusion.

Amphibologie.

II. Amphibologie est vne
ambiguité de construction qui
rend les sens douteux : comme,

La foy seule iustifie.

On ne sçait si cela veut dire,
que, *la foy estant seule iustifie* :
ou bien que *la foy iustifie seule* :
au premier sens cela est faux :
car la foy seule & sans œuures
n'est pas vraye foy, & par consequent ne iustifie pas : Mais au
second sens, il est vray que la
foy iustifie seule : Pource qu'elle

a seule la vertu de iustifier. Ainsi en vn sens il est vray que l'œil
voit seul : Mais il est faux en vn
autre sens que l'œil seul voye :
car vn œil arraché du corps ne
voit point.

La Fallace en la composition.

III. La fallace en la composition est, quand des choses qui
ne sont veritables qu'estans di-
uisees, sont prises comme iointes. Comme cette proposition.
Vn homme assis peut courir, est
vraye, prise en diuers temps :
Mais prise en mesme temps, est
fausse & impossible : car vn
homme assis ne peut courir
pendant qu'il demeure assis.
Ainsi , *Les hommes sont masles &*
femelles : De diuerses personnes,
cela est vray : de mesmes personnes est faux.

La fallace en la Diuision.

IIII. La fallace en la diuision est contraire à celle-là : car
elle separe les choses qui ne

ſont veritables qu'eſtant con-
jointes. Ainſi, encore que deux
& trois ſoient cinq , il ne s'enſuit pas que 2. ou 3. ſoient 5 Si
quelqu'vn diſoit, *Cette muraille
eſt blanche* : donc *cette muraille
eſt*, la conſequence ſeroit bonne : Pource qu'eſtre blanc eſt
vn accident, qui ne ſeroit point
ſi le ſubiect n'eſtoit. Mais ſi
quelqu'vn diſoit , *Philippe eſt
mort*, donc *Philippe eſt* : la conſequence ne ſeroit pas bonne,
pource qu'eſtre mort n'eſt pas
vn accident , mais vne priuation qui preſuppoſe que le ſujet, c'eſt à dire, Philippe, a eſté,
mais qu'il n'eſt plus. Celuy
donc qui argumenteroit ainſi,
diuiſeroit vne choſe qui n'eſt
vraye qu'eſtant conioincte. Cette diuiſion ſe fait quelquesfois
en vn mot ſeul : comme , *inge-
nioſus* en vn mot eſt vne loüan-
ge : en deux, c'eſt vn blaſme.

*La fallace en l'accent ou
prononciation.*

V. La fallace en l'accent eſt,
quand on affirme vne choſe
fauſſe, ſous ombre qu'elle ſe
pronôce en meſme façon qu'v-
ne autre qui eſt vraye. Comme,

Toute ſantè eſt bonne.
Mal ſur mal eſt ſans T.
Donc *Mal ſur mal eſt bon.*

Ainſi vn vieillard n'a que ſes
ans, *Seize*, & vous n'eſtes pas
homme donneur, *d'honneur.*

On ſe ſert auſſi de cette fallace, quand ce qui ſe dit ſimplement, on le prend comme dit
par interrogations. Comme,
quelqu'vn diſant à vn autre,
repoſez-vous ? s'il reſpondoit:
Non.

Fallace en la figure du mot.

La fallace en la figure du
mot eſt, quand du genre ou du
nombre du mot, ou de ce que
le verbe eſt actif ou paſſif, on
recueille qu'il eſt le meſme en

la nature : Pour exemple, pource que la vaillance & la prudeu-
ce sont de genre feminin , ou
pourcequ'il y a vn mestier de
sages femmes , & non point de
sages hommes, conclure que la
vaillançe soit feminine & propre aux femmes , ou qu'il n'y
ait point de sages hommes.
Ainsi il ne s'ensuit pas : pource
qu'ouyr & voir ne sont point
passifs , que l'ouye & la veuë ne
soient point passions. Et si ie
dis que i'ay receu des lettres de
mon frere , il ne s'ensuit pas
quei'en aye receu plusieurs, en-
cor que *lettres* soit pluriel.

Chap. II.

Des fallaces en la chose.

IL y a sept fallaces en la chose, c'est à dire, esquelles la
tromperie n'est pas és mots ,
mais en l'ignorance ou desgui-
sement de la chose. Car fallaces sont, 1. La fallace par acci-

dent. 2. La fallace qui prend
comme dit simplement, ce qui
n'est vray qu'en quelque esgard.
3. La supposition de ce qui est
en question. 4. La fallace de
mauuaise consequence. 5. La
fallace qui met pour cause ce qui
ne l'est pas. 6. La fallace qui
mesle plusieurs demandes, comme si ce n'estoit qu'vne. 7. L'i-
gnorance de ce qui contredit à
la question.

CHAP. III.
De la Fallace par accident.

LA fallace par accident se
fait, quand l'assomption
n'estant vraye que par accident,
neantmoins on en tire vne conclusion absoluë, & simple, &
sans restriction. Comme en cét
argument.

Ce qui meut des troubles en
l'Estat est pernicieux.
L'Euangile meut des troubles
en l'Estat.

Donc *L'Euangile est pernicieux.*

Ainſi, le Soleil obſcurcit les yeux: Et, la loy de Dieu endurcit le pecheur: Donc quiconque voudroit inferer que le Soleil eſt cauſe d'obſcurité, ou que la loy eſt cauſe de peché, tomberoit en la fallace d'accident. Car l'Euangile n'apporte point de trouble de ſa nature, veu qu'il preſche la paix: Mais les hommes prennent occaſion de s'eſmouuoir à l'encontre. Et le Soleil n'obſcurcit point les yeux, de ſa nature, mais par accident, quand il rencontre des yeux indiſpoſez.

CHAP. IIII.
De la fallace qui prend comme vray ſimplement ce qui ne l'eſt qu'en quelque eſgard.

Cette fallace ſe fait, quand l'vne des propoſitions n'eſtant vraye qu'en quelque partie, ou en quelque eſgard, on

én veut tirer vne conclusion
vraye en tout temps, & en tous
efgards,& en toutes les parties:
Comme.

Tout bien eft fouhaittable.
Les richeffes font vn bien.
Donc *Les richeffes font fouhait-*
tables.

L'affomption n'eft veritable
qu'en quelque efgard , & à
quelques-vns. Car les richeffes
ne font bonnes qu'aux bons, &
à ceux qui en fçauent vfer. Il eft
le mefme de ce Syllogifme.
Celuy qui eft né d'vne femme a
eu commencement.
Iefus-Chrift eft né d'vne femme.
Donc *Il a eu commencement*

CHAP. V.
De la fuppofition de ce qui eft
en queftion

ON fuppofe ce qui eft en
queftion , quand on fait
vn Syllogifme duquel vne des
propofitions eft cela mefme

qui eſt en queſtion : quoy qu'il
ſoit couché en autres termes.
Comme ſi ie prouuois que le
móde n'a point eſté creé, pource que Dieu ne l'a point fait. Ou
ſi ie prouuois que les hommes
ſont iuſtes , pource qu'ils ſont
ſans peché. Cela ſeroit prouuer
vne choſe par elle-meſme.

CHAP. VI.
De la Fallace de mauuaiſe conſequence.

LA Fallace de mauuaiſe conſequence eſt, quand on vio-
le les loix poſees au chapitre
de la conuerſion des Enonciations : & au chapitre des Syllogiſmes hypothetiques. Pour
exemple , nous auons dit au
quatrieſme chapitre du troiſieſme liure, que l'Enonciation
vniuerſelle affirmatiue ne ſe
peut conuertir qu'en vne particuliere affirmatiue , ou en
vne vniuerſelle ayant deux negatiues,

gatiues. Comme, *Tout homme
eſt animal,* ſe conuertir en celle-
cy , *Quelque animal eſt homme.*
Ou en elle cy, *Tout ce qui n'eſt
point animal n'eſt point homme.*

Item, nous auons dit qu'au
Syllogiſme hypothetique on
peut proceder de l'eſtabliſſe-
ment de l'*antecedent,* à l'eſta-
bliſſement du *conſeqnent ,* &
qu'on peut proceder du renuerſement du *conſequent ,* au
renuerſement de l'*antecedent.*

Si donc quelqu'vn procedoit
contre ces reigles, diſant, *Tout
homme eſt animal.* Donc , *Tout
animal eſt homme.* Ou, *Tout hõ-
me eſt animal.* Donc *Tout ce qui
n'eſt point homme n'eſt point animal,* il tomberoit en la fallace
de fauſſe conſequence.

Il ſeroit de la meſme fallace,
S'il argumentoit ainſi :

*Si Bucephale eſt homme il eſt
animal.*

Qr il eſt animal.

Q

Donc Il est homme.

Ou bien ainsi,

Si Bucephale est homme, il est
     animal.

Or il n'est point homme.

Donc Il n'est point animal.

Car tels arguments pechent
contre les regles des Syllogif-
mes hypothetiques, posées au
treiziesme chapitre du quatrief-
me liure.

***

CHAP. VII.
*De la fallace qui donne pour cau-
fe ce qui ne l'est pas.*

LA cinquiesme fallace est,
quand on baille vn Moyen
qui semble cause de la conclusion qui toutesfois ne l'est pas.
Telle estoit la reponse du cor-
saire à Alexandre. Car Alexandre luy ayant demandé,
qui l'auoit meu a s'addonner à
brigandage: il respondit, qu'il
estoit brigand, pource qu'il
n'auoit qu'vne fregate : Mais

s'il auoit deux cens galeres,
comme Alexandre, qu'il seroit
Roy. Telles sont ces preuues,
Que l'Eglise Grecque est la meil-
leure, pource qu'elle est la plus
grande. Ou, *que cet homme est sça-*
uant, pource qu'il a force liures.
Ou, *que Charles a la barbe grise,*
pource qu'il n'a pas esté pendu il y
a dix ans. En cela on faut ordinairement, quand on prend
pour cause ce qui n'est qu'occasion. Car les causes agissent,
mais les occasions n'agissent
point: Ains seulemnt les hommes prennent d'elles subjet &
matiere d'agir. Ainsi la verité
engendre haine, non de la nature, mais par occasion. Ainsi
la Loy de Dieu endurcit les
hommes peruers, qui se ban-
dent à l'encontre.

CHAP. VIII.

*De la Fallace qui mesle plusieurs
interrogatoires en vne.*

Velquefois on mesle frau-
duleusement plusieurs in-
terrogatoires pour faire couler
quelque chose de faux parmy
plusieurs veritez. Comme, *Ci-
rus, Alexandre, Cesar, n'ont-
ils pas esté des vaillans Rois : Ou,
Ces qualitez ne conuiennent elles
point à ce cheual d'estre bay, vieil,
haut, borgne.*

Plusieurs accorderont tout cela, ne remarquans pas que Cefar n'a pas esté Roy, & qu'estre
borgne est vne priuation &
non vne qualité : & qu'estre
vieil n'est pas vne qualité, mais
vne quantité ou longueur de
temps passé. Pourtant à ces interrogations faut respondre
auec distinction.

CHAP. IX.

De la Fallace qui se commet par l'Ignorance de ce qui contredit.

LA Fallace d'ignorance de ce qui contredit est, quand quelqu'vn, argumentant contre moy, fait vne conclusion qu'il baille pour contraire ou contredisant à ce que ie soustiens, laquelle toutesfois ne me preiudicie en rien, & se peut accorder. Pour exemple, si ie dis que *Dieu n'est point : argument.* Vn sophisme argumentera contre moy, & conclura que Dieu ne dit pas toute la verité. Ce qui toutesfois s'accorde fort bien auec ce que ie dis, & de cela ne s'ensuit pas que Dieu soit menteur.

Afin doncques qu'on ne prenne point pour Enonciations contradictoires ou contraires celles qui ne le sont pas, il faut sçauoir que pour faire que

deux Enonciations se contre-
disent , il faut que les termes
s'entendent en mesme sens : &
soient sans equiuocation. Pourtant , *Tout chien est viuant* : &
Tout chien n'est pas viuant , ne
sont pas contradictoires : en
l'vne il s'entend d'vn animal ,
& en l'autre d'vne piece de
rouët d'arquebuse. Item, il faut
que l'attribut soit entendu conuenir au subiet en mesme partie & selon le mesme temps.
Pourtant ces deux Enonciations , *L'homme est mortel* : &
L'homme est immortel: ne se con-
tredisent point , si l'vn s'entend
du corps de l'homme , & l'autre
de l'ame. Et *Les Grecs n'ont esté
vaillans* , ne contredit point à
celle cy , *Les Grecs n'ont point
esté vaillans*: car l'vn & l'autre
est vray en diuers temps.

Item , il faut que l'attribut de
l'Enonciation ne soit point entendu en diuers esgards. Car

Ciceron est grand de stature : &
Ciceron n'est pas grand de stature,
peuuēt toutes deux estre vrayes,
si on compare Ciceron à diuerses personnes : Il sera petit en
comparaison d'vn geant , &
grād en comparaison d'vn nain.

CHAP. X.

Des vices des Syllogismes.

EN general tout Syllogisme
vicieux peche ou en la forme , ou en la matiere. Il peche
en la forme , quand les regles
des figures ne sont point obser-
uées , & qu'il y a de la faute
ou en la quantité ou en la qualité des propositions , ou en la
situation du moyen , ou en ce
qu'il y a plus de trois termes.

Le Syllogisme peche en la
matiere , quand quelqu'vne des
propositions , ou toutes les
deux fausses , ou entierement,

ou en partie. Ceste fauſſeté
quelquesfois eſt ſimple & ſans
artifices ,mais quelquesfois eſt
frauduleuſe & auec artifice, telles que ſont les fallaces cy-deſ-
ſus deſduites.

Si le Syllogiſme peche en la
forme, il faut le reduire en bonne forme: S'il peche en la matiere, il faudra nier la propoſition qui eſt fauſſe : ſi elle eſt
ambiguë ou vraye en partie, il
la faudra diſtinguer.

Mais la faute n'eſt ny en la forme ni en la matiere, mais ſeule-
lemēt en la fallace de l'ignorāce,
de ce qui contredit par laquelle
l'aduerſaire ſouſtiēt vne choſe
qui ne nous prejudicie en rien,
alors il faut accorder tout ce
que dit l'aduerſaire, & lui monſtrer, qu'en penſant nous cōtre-
dire, il ne nous contredit point.

Le but de ces Fallaces n'eſt
pas d'enſeigner à tromper, mais
à n'eſtre point trompé.

FIN.

TABLE DES CHAPITRES.

SECOND
Liure.

Des Lieux d'inuention.

TABLE.

TABLE.

CINQVIESME Liure.

Du chef-d'œuvre de la Logique qu'on appelle Demonstration.

SIXIESME
Liure.

Des Sophismes ou Fallaces.

FIN.